# LES LOISIRS

## DES BORDS

## DU LOING.

# LES LOISIRS

## DES BORDS

## DU LOING,

### OU

### RECUEIL

### DE PIÈCES FUGITIVES,

**DULCES**
**ANTE OMNIA MUSÆ.**

M. DCC. LXXXIV.

*A MADAME*

# DE CYPIERRE,

*BARONNE*

# DE CHEVILLY,

*INTENDANTE*

## D'ORLÉANS.

## MADAME,

*LE flatteur intérêt que vous
daignez prendre aux petits*

succès que j'ai obtenus de quelques épreuves nouvelles en Papéterie, m'a inspiré le désir de rassembler et de vous soumettre, Madame, mes premiers essais.

C'est pour y attacher quelqu'agrément, que je me suis permis de mendier diverses petites productions des habitans des bords du Loing, que j'ai osé consigner sur ces mêmes essais. Chacun a mis un empressement égal à contribuer à cette collection, dont tout le mérite sera d'avoir pu paraî-

tre sous vos auspices ; et chacun semblait me le disputer en
reconnaissance et en désir
de vous en faire hommage.

Tel est, Madame, l'effet
tout naturel du bien que vous
avez fait dans un pays, où
vous n'avez paru, que pour
y inspirer le respect le mieux
mérité, et y laisser un désir
général d'en faire éclater les
marques.

Je ne puis rien ajouter à
mes sentimens particuliers,
qui ne soit également senti
de tous ceux qui ont eû le
bonheur de vous voir, je ne

puis donc qu'unir mes vœux à ceux, dont tous les bords du Loing retentissent, dès qu'on leur rapelle un nom aussi cher que le vôtre. Daignez y entrevoir l'hommage fidèle du profond respect avec lequel je suis,

MADAME,

Votre très-humble et très-obéissant Serviteur,
LÉORIER DE L'ISLE.

# NOTE
## DE L'ÉDITEUR.

Ce n'est point à la prétention de faire un livre, que ce petit ouvrage doit sa publicité. Le désir de faire connaître plusieurs essais ne l'Art de la Papéterie, tentés dans la Manufacture de Langlée près Montargis, a fait naître l'idée, d'éprouver si ces nouveaux papiers réussiraient à l'impression. En présentant aux amateurs des arts les premiers essais faits à Langlée, on y a recueilli quelques-unes des fleurs agrestes, que la gaîté fait éclore de tems en tems sur les bords rians du Loing, dont les eaux arrosent cette Papéterie , en prêtant leur secours à toutes ses opérations.

Le papier d'herbe , le papier de soye , et celui d'écorce de tilleul , ne sont point des essais de pure curiosité. Ces matières , qu'on peut se procurer en quantités assez considérables , peuvent fournir un secours avantageux dans la disette du chiffon , qui est la base de la fabrication du papier. N'y trouvât-on encore qu'un moyen d'employer utilement des matières que souvent on laisse perdre, il serait précieux pour le Commerce, que l'on continuât de convertir en papier , une herbe dont la végétation abondante n'a jusqu'à présent été d'aucune utilité ; les chiffons de soyerie, qui, en rentrant dans les ateliers de leurs premiers fabriquans, ne donnent plus que des ouvrages de très-médiocre qualité, et l'écorce de tilleul, dont l'emploi jusqu'à ce jour s'est borné à des fabriques grossières, telles que les cordes à puits.

Les Papiers coloriés, teints en matière, présentent entre autres avantages, celui d'une plus grande solidité dans la couleur, qui rendrait plus durable celle des papiers destinés aux ameublemens, dont le débit est devenu immense depuis quelques années.

Si l'on s'attachait, en France, à la fabrication des papiers en couleurs propres aux trois crayons, la consommation qu'en font les Peintres et iv

Dessinateurs, ne ferait plus passer annuellement à l'étranger, et sur-tout à l'Italie, des sommes considérables pour en tirer ces sortes de papiers, que l'on pourrait se procurer, des Manufactures de France, à meilleur compte, et au moins d'aussi belle qualité.

Les Papiers - rose & des autres nuances agréables à l'œil, pouraient fournir à la Librairie française, un ornement de plus, pour l'impressions des petits ouvrages de cette Littérature légère, dont notre Nation possède les modèles, et dont elle ne trouve point d'imitateurs chez l'étranger.

# LES LOISIRS

## *DES BORDS*

## DU LOING.

## COUPLETS

### IN-PROMPTUS,

Faits en soupant à l'Hôtel-de-Ville de Montargis, le
jour de la Fête aux Anglais, le 5 Septembre.

Air : *De tous les Capucins du monde.*

A notre Cité Montargoise,
Quand les Anglais ont cherché noise,
Pour les punir de leur fureur
Nos Pères ont sçu les détruire.
Buvons, amis, à leur valeur,
Ils étaient Français, c'est tout dire.

A

Aimer le Roi, servir ses maîtres ;
Voilà l'esprit de nos Ancêtres ;
Il subsiste encore aujourd'hui,
Et mérite bien qu'on l'admire.
Aimons le Roi, buvons à lui,
Nous sommes Français, c'est tout dire.

# ENVOI

## A MADEMOISELLE P***.

Aux faibles accens de ma Muse,
Le zèle servira d'excuse.
Justine, si j'eus vû tes yeux,
Ces yeux pour qui chacun soupire ;
Ma foi ! j'aurais chanté bien mieux,
Car je suis Français, c'est tout dire.

# *VERS*

## A MADAME DE ***.

*Qui appellait son jardin son Paradis terrestre.*

J'AI vû votre nouvel Eden ;
De plaisir j'ai senti mon ame
S'enivrer dans ce beau jardin.
Mais du nom qu'il porte , Madame ,
Mon esprit n'est pas enchanté.
Ces berceaux où l'Amour soupire ,
Cette cabane , où l'on respire
La fraîcheur et la volupté ,
Habités par la plus fidele
Et la plus tendre des Houris ,
Ne sont pas ce vieux Paradis ,
Où jadis la première Belle ,
Trompant le premier des maris ,
Pour nous en fit un lieu funeste.
L'Amour , à mon œil satisfait ,
Offre en votre jardin céleste
Le Paradis de Mahomet.

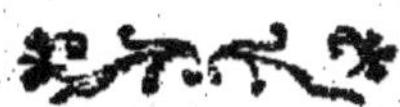

# COUPLETS

CHANTÉS le jour de S. Hubert, à une halte de chasse, dans la forêt de Montargis, où se trouvaient trois Dames Américaines et sœurs.

SUR L'AIR : *Jupiter un jour en fureur.*

CHANTONS tous le grand saint Hubert ;
Ah ! que sa fête est agréable,
Lorsque les Graces sont à table
Et qu'Amour a mis le couvert.
Dieux des bois, accourez en troupe ;
Venez, Driades et Sylvains ;
 Joignez vos accens divins     *bis*
  Pour célébrer la Coupe.

MAHOMET, ce Législateur
Des habitans de l'Arabie,
A fait le malheur de leur vie,
En défendant cette liqueur ;
S'il eut vu les Graces en groupe ;
Aussi belles qu'à ce festin,
 Plus épris du Dieu du vin,     *bis*
  Il eût aimé la Coupe.

DANS l'Olimpe , au banquet des Dieux ,
Ce vase contint l'ambroisie ,
Qui par Hébé leur fut servie ;
Par eux il fut mis dans les cieux.
En naviguant dans sa chaloupe,
L'heureux matelot du midi ,
   De toute crainte est guéri ,       *bis.*
     Dès qu'il revoit la Coupe.

JASON , pour la riche toison ,
Parcourut la mer orageuse ;
Mais de Bacchus la course heureuse
Subjugua l'Inde avec raison.
Il arriva le vent en poupe ,
Se présenta le verre en main ,
   Et tout le peuple Indien       *bis.*
     Vint adorer la Coupe.

GRAND saint Hubert , nous vous prions
De nous préserver de la rage ;
Celle qui d'Amour est l'ouvrage
Est le plus subtil des poisons.
S'il met son brandon à l'étoupe,
Sans nul espoir s'est fait de nous,
   Quand pour assurer ses coups,     *bis.*
     Il nous montre la Coupe.

# LES DEUX COLOMBES.

## CONTE,

### A M. LE DUC DE L***,

*En lui présentant deux Pigeonneaux.*

Dans un champ, célébre autrefois
    Par vos ayeux et leurs exploits,
Un manant, l'autre jour, trouva deux Colombelles,
Qui, dans un têt de fer, de leurs flammes fideles
    Avaient déposé les doux fruits.
    A cet aspect le Paysan surpris,
      S'en saisit d'une main grossiere,
      Porte le tout en sa chaumiere,
    Et les voisins, sur le fait consultés,
      Débiterent maintes sornettes.
    Le Magister, ayant mis ses lunettes,
      Et vu le nid de tous côtés,
    Dit : mes enfans, c'est une œuvre du diable ;
      Car jadis j'ai lû dans la fable,
    Qu'un Dieu payen, adoré des héros,
      Chez une Reine de Paphos
    Allant souvent, advint même avanture ;
    Ce que voyez n'est qu'un vieux casque usé,
      Lorsque de l'antique armure
Le respectable reste en pieces fut brisé.
Par bonheur il passa quelqu'un plus avisé,

Qui sçut ravir les colombes fideles
   Aux mains imbécilles, cruelles,
Qui sans pitié les livraient au trépas ;
   Et sa raison, plus éclairée,
   A cette troupe timorée
   En deux mots expliqua le cas.
» L'Oiseau fidele à la Reine des charmes,
   » A pris, abusé par l'Amour,
   » Pour le cimier du Dieu des armes,
   » Un vieux casque de Luxembourg.

Jeune guerrier, je vous en dois l'hommage ;
   Ces deux Colombes sont l'image
   Du bonheur et des biens si doux,
   Dont vous jouissez comme époux.
Le choix du nid apprend au moins habile
   Ce qu'un nom en Héros fertile
   A la France promet de vous.

---

# SUR LA MORT

# DE M. CLAIRAUT,

## de l'Académie des Sciences.

Qu'est devenu Clairaut, qui, dans ses doctes veilles,
De l'Univers entier mésura la grandeur ?
Les Cieux pour son esprit n'ayant plus de merveilles,
   Il est allé contempler leur Auteur.

# RÉPONSE

*D'un Icoglan du Grand Seigneur, aux Couplets de la halte de St. Hubert, ci-devant, page 4.*

PRÉSENTÉE A MADAME DE LA ✳✳✳.

*Sur le même air.*

De notre grand Législateur  
On accuse en vain la sagesse ;  
Du vin s'il a proscrit l'yvresse ,  
Cette loi fait notre bonheur.  
Celui qui parle de la sorte  
Connaît peu l'Empire Ottoman ;  
 Il eut dit tout autrement ,    bis.  
  S'il eut connu la Porte.

Nous préférons au Dieu du vin  
Celui qui régne sur les ames ;  
Et chez nous l'ardeur de ses flammes  
Est un feu constant et divin.  
Par les biens purs qu'il nous apporte  
Notre foi vive s'entretient ,  
 C'est toujours lui qui soutient   bis.  
  Notre amour pour la Porte.

Admirer le Ciel dans les dons ;
Que sur la Porte il sçut répandre ;
Tel est l'esprit du culte tendre
Qu'à la beauté nous présentons.
Si le zèle qui nous transporte
Chez l'infidèle un jour perçait ,
　　Du bout du monde on viendrait　　*bis.*
　　Rendre hommage à la Porte.

Être fidèle à ses amis ,
Pour tous les yeux se rendre aimable ,
Procurer un sort agréable
A tous les cœurs qu'on a soumis.
C'est le talent qu'il nous importe
De montrer à nos envieux ,
　　C'est pour faire des heureux　　*bis.*
　　Le secret de la Porte.

# IN-PROMPTU,

*En faisant le Portrait de Madame* DE *** 
*à la Silhouette.*

Pendant le sommeil de l'Amour ,
Psiché peignit ainsi l'objet de sa tendresse :
En admirant ces traits , vous voyez en ce jour
Le respect peindre la Sagesse.

# VERS
## A M. D'ALEMBERT,

*Sur le don par lui fait du Buste de Moliere
à l'Académie française.*

DANS notre Olimpe académique
Moliere a les honneurs longtems dus à son art;
   Chacun s'empresse autour du grand Comique
Pour savoir la raison qui causa ce retard.
    Une mort trop prématurée,
M'enleva, répond-il, aux portes du Lycée;
   Je m'égarai dans la route des cieux,
    Et malgré les soins de Thalie,
J'avais besoin, Messieurs, pour paraître à vos yeux,
D'être conduit ici par la main d'Uranie.

# L'AMOUR DRAGON.

## COUPLETS

### A MADAME DE ***,

A l'occasion du passage du Régiment du Colonel-
Général des Dragons, à Montargis.

Sur l'AIR : *Je le compare avec Louis.*

L'AMOUR un soir, loin de Paphos,
Faisant l'école buissonnière,
Vint à la porte de Glicère,
Las, crotté, mouillé jusqu'aux os;
Pour coucher je cherche une place,      *bis.*
  Ouvrez - moi,
  Ouvrez - moi,
 Ouvrez - moi, de grace !      *bis.*

Il est trop tard. ———Oh ! par ma foi !
Dit en jurant le petit masque ;
Je suis Dragon, voyez mon casque,
Que l'on m'ouvre, de par le Roi !
Pour loger voici ma patente, ———      *bis.*
  Gardez - la,
  Gardez - la,
 Moi, je suis exempte.      *bis.*

EXEMPTE, ou non , veuillez m'ouvrir ;
Dit-il , en changeant de langage ;
Je suis morfondu par l'orage ,
Il pleut , daignez me recueillir.
Le fripon connaissait Glicère ;               *bis*
   Sa bonté ,
   Sa bonté ,
  Termina l'affaire.               *bis.*

ENTREZ.... Eh ! mais , il n'est point mal !
Quel régiment ? ——— Belle Glicère ,
D'une troupe aimable et légere ,
Je suis Colonel-Général :
Dragon , pour forcer citadelles ,               *bis.*
   Mais l'amour ,
   Mais l'amour
  Au logis des Belles.               *bis.*

AUSSITOT brille son flambeau ,
A la détromper il s'apprête ;
Le casque qui couvrait sa tête
Redevient un simple bandeau ;
Et ce mousquet d'un poids énorme               *bis.*
   Un carquois ,
   Un carquois ,
  Tout reprend sa forme.               *bis.*

Ce

Ce qu'il voulait d'autorité,
Eut été refusé sans cesse ;
Le petit Dieu l'eut par souplesse :
S'il n'est fort, l'Amour fûté.
Il faut ce qu'il met dans sa tête,            *bis.*
Mais toujours,
Mais toujours
L'Amour est honnête,            *bis.*

# VERS

## A M. DU BOUTOIR,

*Avocat en Parlement, commandant, en qualité de Maire, la Milice bourgeoise de Montargis, le jour de la Fête aux Anglais.*

Aux cœurs vraiment touchés du bien de la Patrie,
Quel Chef en ce pays choisit-on, je vous prie ?
Demandait ce matin un étranger, dit-on ;
En montrant Du Boutoir, un citoyen s'écrie :
C'est Démosthène, ou Cicéron.

B

# ÉPITRE

## A MIRTHÉ.

Mirthé, séduisante et légère,
A juré de ne plus m'aimer,
Si mon cœur, jaloux de lui plaire,
Comme le sien n'était léger.
Ennuyeuse persévérance,
Divinité des vieux romans,
Sur les autels de l'inconstance
Verras-tu fumer mon encens?
Amour! je rougis de le dire,
Je t'ai servi si constamment,
Que mon cœur a peine à souscrire
Aux désirs d'un objet charmant;
Mais Mirthé le veut, son empire
Sur mon ame est le plus puissant.

Si tu veux me servir de maître,
Mirthé, grace à toi, je vais être
Le plus volage des amans.
J'ai mis à profit les instans,
Car te quittant pour d'autres Belles,
A toutes j'ai manqué de foi;
J'ai fait trois conquêtes nouvelles,
Mais je ne le dirai qu'à toi.

ÉPRIS des charmes de l'Aurore,
Sur ce coteau qu'elle colore
J'ai devancé l'aube du jour :
Que pour elle j'avais d'amour !
Quelle volupté, douce et pure,
Ses feux ont porté dans mon cœur !
Dans ce réveil de la nature
Je crus voir l'instant du bonheur.
L'amour sourit à mon erreur ;
Je croyais adorer l'Aurore ,
Mais je vis près du séducteur,
L'objet de ma constante ardeur ,
Ma Mirthé plus brillante encore.

SI la fraîcheur au fond des bois ,
Me fait errer sous ce feuillage ,
Dont la tendre verdure ombrage
Nos rustiques & simples toits
Je crois que la jeune Dryade,
Qui préside à ce lieu sacré,
En guérissant mon cœur malade ;
Le rendra digne de Mirthé.
Mon erreur est bientôt détruite ,
Dans mon cœur j'entends une voix
S'écrier : Mirthé que je quitte ,
Est bien plus fraîche mille fois.

LA nuit, abusé par un songe,
J'offre mes vœux à Lycoris :
Sa douce voix, dans ce mensonge ,
A mon bonheur ajoute un prix.
Lycoris est jeune et jolie,
Tous ses charmes sont faits au tour ,

Et Lycoris, parlant d'amour,
Sait mettre en la moindre saillie,
Plus d'esprit que l'Académie
N'en met en tous ses longs discours.
A ce doux attrait je me livre,
De ses propos mon cœur s'enivre,
Et jure de l'aimer toujours.
Quand loin de Mirthé, je crois vivre,
D'être heureux je me flatte en vain.
L'ardeur de mes feûx me réveille,
Et l'illusion cesse enfin.
Si Lycoris parle à merveille,
C'est qu'Amour, ce Dieu si malin,
Me rapelle, quand je sommeille,
Ce que Mirthé disait la veille,
N'entendre qu'elle est mon destin.
Tout me l'offre dans la nature :
Quand mon cœur se croit inconstant,
Ah Mirthé ! c'est à toi qu'il jure
De t'adorer à chaque instant.
Que desires-tu davantage ?
S'il est peu digne de ta foi,
Change mon cœur, il est à toi !
S'il faut varier mon hommage
Pour te plaire, je fais serment
D'aimer, en papillon volage,
Tous tes charmes séparément.

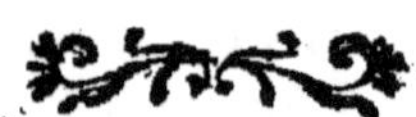

# COUPLETS

## A MADAME DE R***,

*En lui renvoyant la clé de sa montre qu'elle avait perdue au Bal.*

Sur l'A I R : *Dans les champs de Cithère.*

Hier l'Amour en peine,
M'a dit, que devant vous,
Vous portiez, Célimène,
Le plus beau des bijoux ;
Mais que votre prudence,
N'avait point empêché,
Qu'au milieu de la danse
Vous en perdiez la clé.

Sans clé que peut-on faire
De ce charmant bijou !
Au pays de Cithère,
Qui l'égare perd tout.
Sans ce bien désirable,
On ne saurait trouver
Le moment favorable,
Ni l'heure du Berger.

Instruits de votre histoire,
Nos Bergers à l'instant,
Si vous vouliez les croire,
Vous en offriraient cent.
Moi je vais vous la rendre,
Cachez mon sort flatteur ;
Qui viendrait à l'apprendre
Envîrait mon bonheur.

# VERS

ÉCRITS *au bas de la gravure de l'Amour menaçant, d'après le tableau de M. Carlo-Wanloo.*

QUI que tu sois, redoute ma puissance ;
Je suis le plus terrible et le plus grand des Dieux.
Un seul des traits que ma main lance,
Peut soumettre à mes loix et la Terre et les Cieux.

---

# REMERCIMENT

## A MADAME SCH***,

*Qui avait donné à l'Auteur un Rosier pour le planter dans son jardin.*

Vous embellissez la retraite,
Où loin des sots et de leur bruit,
Dans le sein d'une étude abstraite
De la paix je goûte le fruit.
Quand fuyant les complots, les brigues,
De notre repos ennemis,
Du méchant je vois les intrigues,
Et qu'en citoyen j'en gémis ;
C'est par vos bienfaits qu'il arrive,
Que le plus charmant arbrisseau
Au verger que ma main cultive
Va prêter un éclat nouveau.
Du don mon ame est pénétrée !
Ainsi, dans l'âge heureux d'Astrée,
La main brillante des talens,
En dépit des traits de l'envie,
Sur les épines de la vie
Sema les roses du printems.

# COUPLETS

## A Madame la Baronne DE S***,

*Qui chantait, pour se distraire d'un concert où elle s'était ennuyée.*

Sur l'AIR : *Le long d'un bois Colin passait.*

Un jour Cypris, dans un concert,
S'endormait au bruit d'un grand air ;
L'Amour, ce malin,
Pour l'éveiller prit sa guittare en main :
Mais pour chanter, devinez : qui fut-il prendre ?
L'Amour jouait,
Zélis chantait,
Ah ! qu'on fut heureux de l'entendre !
On ne peut s'en défendre,      *bis.*
Pour elle tout s'enflammait.

Cypris dit, sortant du sommeil,
Je n'eus jamais à mon réveil
Un plaisir pareil ;
Ah ! dit l'Amour, vous approuvez mon choix !
Regardez-la, Maman, que vous en semble ?
Joli minois,
Charmante voix,
Elle a tous les talens ensemble ;
Elle seule rassemble      *bis.*
Tous les dons à la fois.

# ÉPITRE

## A MADAME DE ***,

### *Qui avait entrepris d'apprendre le latin et qui l'abandonnait.*

Quoi déja vous abandonnez
La langue de ce peuple libre,
Par qui, sur les rives du Tibre,
Les talens furent couronnés !
Du siécle de *Jule* & d'*Auguste*
Si vous dédaignez les Auteurs,
Envers eux vous êtes injuste.
Ils ont chanté le Dieu des cœurs,
C'est eux qui nous ont fait connaître
Les plaisirs que l'Amour fait naître,
Et les Grâces qui sont vos sœurs.
Des vertus la fidèle image
Brille souvent dans leurs écrits.
*Virgile*, par un juste hommage,
Est le guide des beaux Esprits.
*Ovide*, plus tendre & moins sage,
Nous attendrit par ses soupirs ;
Les vers séduisans de *Catulle*
Et les doux accens de *Tibulle*,
Nous enflamment de leurs désirs.
Quand il faut peindre la Sagesse,
Que son portrait est bien rendu !
Sans eux saurions-nous que Lucrèce

Mourut par excès de vertu ?
Tout fut soumis à leur génie,
L'amour, les sciences, les arts ;
Pourquoi, charmante *Stéphanie*,
Leur refuser quelques regards ?
Aux sons enchanteurs de leur verve
Nous devons entr'autres bienfaits,
Qu'en nous peignant si bien Minerve,
Ils ont esquissé tous vos traits.
Quelle subite inconséquence
Vous oblige de les quitter ?
Craignez, au moins, que d'inconstance
On ne puisse un jour vous noter.
Quelqu'un dira : voilà les Belles !
Tous leurs projets sont passagers,
Un mot échauffe leurs cervelles,
Mais, graces à leurs goûts légers,
Elles échappent aux dangers
Qu'éprouvent les âmes fidèles.
Ces Belles sont comme les fleurs,
Chaque papillon les caresse,
Et, sans qu'aucun les intéresse,
Elles partagent leurs faveurs.

Mais vous, sublime *Stéphanie*,
Chez qui le cœur et la raison
Inspirent toujours le génie,
Serez-vous à leur unisson ?
On n'a point de goût éphémère,
Du caprice on fuit les reflux,
Quand on doit le talent de plaire
Au charme puissant des vertus.

# LES PELERINS DE CITHERE.

## COUPLETS

*A l'occasion du mariage de Mademoiselle P*** avec M. DE F***, Lieutenant des Vaisseaux du Roi.*

AIR : *Jupiter un jour en fureur.*

OH ! que c'est un riant pays,
Pour aller en pélerinage,
Que ce doux et charmant rivage
Où regnent l'Amour et les Ris !
Quand on voyage terre à terre,
Rien n'amuse le Pélerin,
  Mais il faut un bon Marin,   *bis.*
    Pour voguer à Cithère.

TOUS les Pélerins sont contens,
Quand, à la voix de l'hymenée,
Par son haleine fortunée
Zéphir caresse nos haubans.
Le Quart est agréable à faire
Quand l'Amour montre le chemin ;
  Mais il faut un bon Marin,   *bis.*
    Pour voguer à Cithère.

Tous les vents semblent alisés,
Lorsque Amour indique la route ;
Tout rit sous la céleste voûte
De fleurs nos bords sont pavoisés.
L'heureux pélerinage à faire !
Quand la Pélerine en chemin,
Chante : vive un bon Marin,
Pour voguer à Cithere !　*bis.*

# VERS

## A M. L'ABBÉ R***.

Si vous chantez, c'est avec grace,
Vous prêchez avec onction :
On peut dire que le Parnasse,
Et la montagne de Sion
Font pour vous le sacré Vallon.

LE

# LE RUISSEAU ET LE TORRENT,

# FABLE

### Imitée d'un Poëte Indien.

AH ! Maman, venez voir une chose admirable !
Disait Lise à sa mère, en montrant un torrent,
    Dont l'onde avec fracas roulant,
  Frappait ses sens par un bruit effroyable.
    Que ce spectacle est ravissant !
Ces flots précipités éblouissent ma vue
    Par leur rapide mouvement,
    Et loin de ce tableau charmant
    Que la nature semble nue !...
    Le canal de notre verger,
    Le ruisseau , qui dans la prairie
Arrose du printems l'herbe tendre et fleurie ;
    Et le bassin du potager,
Répandent leurs bienfaits sans jamais exciter
Le plaisir que le bruit de ce torrent m'inspire.
Tout est fastidieux dans leur paisible état,
    Mais ici dans tout son éclat,
  Le Dieu des eaux annonce son empire.
    Ah ! Maman, près de ce beau lieu
    Établissons notre demeure ;
    Hélas ! si j'avais votre aveu,
    Je m'y fixerais tout à l'heure !

    Ce discours n'a rien d'étonnant,
    Et je le pardonne à ton âge ;
    Mais retiens ceci, mon enfant,

C

» Toujours l'homme prudent et sage
» Chérit l'humble ruisseau, qui, sans murmure suit
» Sa pente naturelle, et pour notre avantage
» Fait éclore en nos champs et la fleur et le fruit.
» Le sot, tout seul, est séduit par le bruit
» De ce torrent qui les ravage.

# VERS

## A MADAME DE ✳✳✳

*En lui renvoyant l'Art d'aimer d'Ovide.*

Vous m'avez prêté l'art d'aimer ;
Quel sort heureux pour un cœur tendre !
Il n'y manque pour me charmer
Que le bonheur de vous l'apprendre.

# LES CHARMES DE L'AMITIÉ,

## ROMANCE.

Sur l'AIR : *Triste Raison, j'abjure ton empire.*

Douce amitié, trésor des belles ames !
De notre vie embellis l'heureux cours.
Au fol Amour, à ses funestes flammes,
Mon tendre cœur renonce pour toujours.

Quand je te vis sous les traits de Thémire,
D'autres beautés ne me touchèrent plus.
En vain leur art chercherait à séduire
Un cœur soumis par l'attrait des vertus.

Qui voit Thémire, apperçoit la décence ;
Par ses attraits, c'est la reine des fleurs.
De l'âge d'or elle joint l'innocence
Au rare esprit qui soumet tous les cœurs.

Heureux cent fois, qui peut plaire à Thémire !
Mais plus heureux qui toucherait son cœur,
Si j'obtenais ce destin où j'aspire,
Tout l'Univers envierait mon bonheur.

C ij

# ÉPITRE

# A M. CŒUR,

CONSEILLER AU PRÉSIDIAL DE MONTARGIS,

En lui envoyant le Livre de M. DE JUMIGNY, intitulé *le Père Gouverneur de son Fils.*

LISONS, ô mon ami, cet Ouvrage sublime!
    C'est le vrai Code des parens ;
    Par lui donnons à nos enfans
Et l'amour des vertus et l'horreur pour le crime.
    Que je respecte cet Auteur !
Combien sur mon esprit sa voix a de puissance ;
    En m'éclairant, en parlant à mon cœur,
    Qu'il a de droits sur ma reconnaissance !
Parens, Enfans, lisez et soyez attendris :
    En l'imitant il est beau d'être Père,
    En l'écoutant il est doux d'être fils.
    La vertu cesse d'être austère,
    Quand on la voit aussi belle qu'elle est ;
Ton Livre, ô JUMIGNY, fruit des plus douces veilles,
    Nous peint ton ame et sous tes traits nous plaît :
Puissai-je à mes enfans par des leçons pareilles
    Assurer un bonheur parfait !
    Ton GOUVERNEUR va les instruire,
    Tu formeras leur tendre cœur ;
    Pour les garantir de l'erreur,
C'est avec toi que le mien va leur dire :

» O mes amis , la céleste bonté
» Fit ce monde pour nous , tout doit nous y prescrire
    » D'adorer la Divinité ;
    » Mais , faibles mortels que nous sommes,
    » Retenons cette vérité :
    » On n'honore l'humanité
    » Que par le bien qu'on fait aux hommes.

# VERS

## A MADEMOISELLE LA C***.

En lui envoyant le Livre de M. MAUGER, intitulé *mes caprices.*

Pour varier nos entretiens,
Je t'envoye, Hébé, *mes caprices* ;
Mon cœur ferait ses plus cheres délices
D'être un instant l'objet des tiens.

# GLYCÈRE,

## ROMANCE.

### AIR : *de M. Jeliotte.*

J'AIME Glycère,
J'adore ses appas ;
Et tous les trésors de la terre
A mes yeux ne la valent pas.
S'il arrivait,
S'il se pouvait
Qu'elle me fut ravie !
Eh bien !
Pour rien
Je donnerais ma vie.

A LA-veillée
Je la vis l'autre jour ;
Quoiqu'elle fut la moins parée,
Elle avait l'éclat de l'amour.
S'il arrivait, &c.

Quand du village
Nous sortons tous les deux,
Nos troupeaux dans le pâturage,
Unis ensemble sont heureux.
S'il arrivait, &c.

Dans ma chaumiere
Si je rêve la nuit ;
Je songe à ma chère Glycère
Par-tout son image me suit.
S'il arrivait, &c.

Dieu de Cithère,
Protége ses beaux jours ;
Que les Ris d'une main légère
En puissent filer l'heureux cours.
S'il arrivait,
S'il se pouvait
Qu'elle me fut ravie !
Eh bien !
pour rien
Je donnerais ma vie.

# INVITATION

## De diner à la Campagne,

### A M. LE P***, Comte de S. F***.

On dit qu'un soir, Philémon et Baucis,
Pauvres humains, eurent dans leur taudis
La gloire de traiter le Maître du tonnerre,
Et que leur humble toit fut le temple des Dieux.
   Ces Dieux depuis, rarement sur la terre
   Ont voyagé ; mais, pour nous rendre heureux,
     Ils ont formé, sur leur image,
     Des Grands dont le cœur généreux
   Des dons du ciel nous embellit l'usage.
     Rome leur dut les deux Catons ;
 A leur bonté nous devons plus d'un Sage,
     Qu'entre vos ayeux nous comptons,
     Et *La Mothe* à leur bienfaisance
     Doit le bonheur que nous goûtons
     D'y jouir de votre présence.
     Ah ! si, dans ma simple maison,
   D'un mêts par vous accepté sans façon,
Je pouvais obtenir la faveur singulière,
Je ne changerais pas ma rustique chaumière
     Pour temple de Philémon.

# L'AMOUR MALHEUREUX.

## CHANSON,

Sur l'air : *Avec les jeux dans le village.*

Depuis que j'adore Emilie,
Il n'est plus de bonheur pour moi.
La douleur consume ma vie,
Depuis que je suis sous sa loi.
A ma tendresse une autre Belle
Eut cédé du moins par pitié ;
Mais je ne puis obtenir d'elle,
Pas même la simple amitié          *bis.*

Voulez-vous connaître Emilie,
Peignez-vous la fleur du printems :
La Rose, des zéphirs chérie,
Ne vaut pas ses charmes naissans.
Sur son front brille l'innocence,
Mais la nature, par malheur,
Pour éterniser ma souffrance,
Mit pour moi la haine en son cœur          *bis.*

Quand je lui dis, belle Emilie,
Ta rigueur cause tous mes maux :
Pour exciter ma jalousie,
Elle sourit à mes rivaux.

J'offre en vain à cette Bergère
Mon cœur, mes biens et mes moutons,
Elle rejette avec colère
Mon amour, mes vœux et mes dons.　　*bis.*

C'est un autre que son cœur aime,
Quand elle déteste mes feux ;
Amour ! qu'elle éprouve elle-même
La douleur de mon sort affreux.
Que dis-je ! ma derniere envie,
De mon cœur le plus doux desir,
C'est que le ciel garde Emilie
Des maux qu'elle me fait souffrir.　　*bis.*

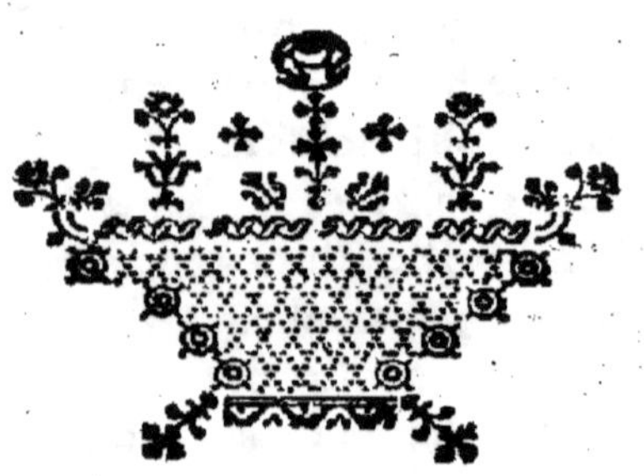

# ÉPITRE

## A UN AMI JALOUX.

De tout mon cœur je sacrifie,
Damis, à ta tranquillité
Le bonheur de voir Isménie.
Témoin, fort désintéressé,
Des plus doux momens de ta vie ;
Je voyais ta félicité,
Sans espérance et sans envie.
L'amitié fait peu de jaloux ;
Mon ame auprès de ta maîtresse,
Goûtait un sentiment plus doux
Que ceux de l'amoureuse yvresse.
Si par fois je voyais du port
Sur toi se former un nuage,
Mon cœur partageait ton transport,
Quand l'amour dissipait l'orage.
Je prenais part à tes plaisirs,
Tes peines affectaient mon âme ;
Mais je n'éprouvais de desirs,
Que pour le bonheur de ta flamme.
Par pitié, j'ai pour toi rougi
Du feu, qui troublant ta cervelle
Te fait voir un couple infidèle
Dans ta maîtresse et ton ami.
C'est une erreur que je pardonne :
Si ton esprit un jour raisonne,

De ton cœur je serai vengé.
Les liaisons ne sont durables ,
Si l'on n'y voit l'aménité
Naître des seuls biens désirables,
La *franchise* et la *liberté*.
Des amis si j'étais l'apôtre ,
Ces deux mots feraient ma leçon ;
Pour être heureux , c'est ma façon ,
Je n'en veux pas connaître d'autre.

# PORTRAIT

## DE MADEMOISELLE **

PEIGNEZ les traits de l'innocence ,
Et joignez-y , tout à la fois ,
L'esprit , la beauté , la décence ;
C'est Adelaïde le B***.

## LES CHEVEUX BLANCS.

# COUPLETS

### A UNE JEUNE DAME,

*Qui reprochait à l'Auteur de n'avoir point
chanté qu'elle avait des cheveux blancs.*

Sur l'AIR : *Com' v'la qu'est fait.*

QUAND je vois à votre toilette
Votre tresse de cheveux blancs ,
L'Amour à mon ame inquiette
Offre maints objets différens.
L'hyver regne sur votre tête ,
Et le printems dans tous vos traits.
Dans vos beaux yeux l'Amour apprête
Des feux , dont on sent les effets ,
    Qu'est qu'ça vous fait ?      *bis.*

JE crois voir ce mont si terrible ,
Célèbre par ses feux brûlans ;
Sur son sommet inaccessible
On voit la neige en tous les tems,
Dans son sein une vive flamme
Menace qui l'approcherait ;
Qui de près vous verrait , Madame ,
Comme un papillon flamberait ,
    Qu'est qu'ça vous fait ?      *bis*

D

# ÉPITRE

## A MA SOLITUDE

### DU VAL DU LOING,

#### PENDANT LE COURS D'UN PROCÈS.

PRÉCIEUSE Tranquillité,
Patronne de mon hermitage,
Toi, dont les fruits sont le partage
De la paisible oisiveté ;
Reçois de mon ame affligée
Et les regrets et les adieux,
Puisque la chicane enragée
Te bannit aujourd'hui des lieux,
Où ma poétique indolence
N'allait aux pieds de tes autels
Demander que les biens réels
Qu'on trouve dans ta bienfaisance.
Content de la modicité,
Qui, pour un enfant du Permesse,
Est préférable à la richesse,
J'en jouissais avec gaîté ;
Et jamais l'aveugle Fortune
N'entendit ma voix importune
Exprimer ma cupidité.

Sans ambition , sans envie,
Heureux dans cet agreste lieu;
Avec la Fare , avec Chaulieu ,
Je voyais s'écouler ma vie
Comme ce faible et clair ruisseau;
Qui s'échappant dans la prairie ,
Dans le cristal pur de son eau
Répéte sa rive fleurie.
Excité par vos doux concerts ,
( Pardon , ô mes illustres Guides , )
J'essayai de tracer des vers ,
Et par fois mes accens timides
Ont fait sourire Saint F * * *.
Par un innocent badinage ,
Heureux qui fait sourire un Sage !
Quelque fois sur mon chalumeau
J'ai chanté l'art de Triptolême ,
Et d'un Pasteur que mon cœur aime ;
Sur un ton modeste , ingénu ,
J'ai chanté l'aimable vertu.
Voyant le méchant , par ses crimes,
Déchirer de paisibles cœurs ,
Jamais , en badinant , mes rimes
N'ont pris de part à ses noirceurs.
De la dispute polémique
Toujours évitant le poison ,
J'ai des brocards de la critique
Sauvé ma naïve chanson.
Aujourd'hui ma verve glacée
Expire sur de vieux contrats ,
Dont la marge toute encrassée
A servi d'aliment aux rats.

D 2

Novice en l'art des procédures,
Au moment où je vous écris,
J'erre dans les routes obscures
Du labyrinthe de Thémis.
Souvent je perds la tramontane,
Car au Parnasse on n'apprend pas
Ce qu'ont écrit sur la chicane
Barthole, Mornac et Cujas.

# INSCRIPTION

*Pour la Gravure de Vénus endormie, de*
*M. C. de Mechel.*

Tout languit quand Vénus sommeille,
Les oiseaux cessent leurs concerts,
Et jusqu'à ce qu'elle s'éveille
Tout repose dans l'Univers.
L'onde suspend son doux murmure;
Mais le moment délicieux,
Où Cypris ouvre ses beaux yeux,
Est le réveil de la Nature.

# REMERCIMENT

## A *Mademoiselle*

## DE MARVILLE,

*Dont la protection avait fait cesser un
procès suscité à l'Auteur.*

Sur l'AIR : *Enfans de quinze ans.*

Nous osons, MARVILLE, à vos yeux
Peindre notre reconnaissance ;
L'encens des cœurs qu'on rend heureux
Est le prix de la bienfaisance.
Grace à vous, en notre réduit
Un jour plus fortuné reluit ;
   Nos vœux, nos projets,
Sont d'y vivre sans procès.

L'OR ne rend point nos cœurs jaloux ;
Sur une montagne rustique,
Au milieu des bois et des loups,
J'habite cette chaumière antique.
Je n'ai rivière, ni ruisseaux,
Je n'ai ni sujets ni vassaux ;
   Mais là mes projets
Sont de vivre sans procès.

D iij

N o s  colons sont de bons humains,
Près d'eux tous nos jours sont prospères ;
Les fruits cultivés par leurs mains,
Nous les partageons comme frères.
Nous savourons en liberté
Les douceurs de l'égalité.
    Nos vœux , nos projets
Sont de vivre sans procès.

L e Dieu des vers , le Dieu des cœurs,
Sont seuls fêtés dans ma chaumière ,
A la Fortune , à ses faveurs,
Nos cœurs simples n'aspirent guère ;
Contens de la modicité ,
Nous jouissons avec gaîté ,
    Et tous nos projets
Sont de vivre sans procès.

A t o u s nos voisins, tour à tour ,
Nous offrons , d'une ame loyale.,
Aux Grands nos respects ; notre amour
A ceux que notre état égale :
S'il en est à qui je déplais ,
Je leur en offre mes regrets.
    Mes vœux , mes projets
Sont de vivre sans procès.

DEMAIN nous quitterons ces lieux (*),
Dont le bonheur est votre ouvrage ;
Puissiez-vous voir en nos adieux
De la douleur le vrai langage.
Bientôt nos cœurs reconnaissans
Apprendront à nos chers enfans,
Que par vos bienfaits,
Ils vont vivre sans procès.

# COUPLET DE TABLE,

## A MADAME DE ***.

Sur l'AIR : *La nuit dans les bras du repos.*

IRIS, c'est à vous que je bois,
De mes vœux recevez l'hommage ;
Je suis content lorsque je vois,
Du vrai bonheur en vous l'image :
Mais il est un bien plus grand !
Pour le nommer je suis trop sage ;
Mais il est un bien plus grand !
On le desire en vous voyant.

---

(*) *Le Château de Gien.*

# VERS

## A MADAME DE ***,

### En lui renvoyant un livre intitulé : *Recueil de Prodiges.*

LE s prodiges et les oracles,
Iris, ont été de tout tems ;
Et votre Livre de miracles,
Fait pour édifier les gens ,
Est un des exemples frappans
Que tout pays a des merveilles,
Des beaux conteurs et des oreilles
Qui croyent tout par passe-tems.
L'ancienne Rome eut ses prodiges :
Les nôtres sont bien différens !
Et chaque âge, en nommant vertiges
La foi des siécles précédens,
Fit des contes équivalens.
Ces brillantes métamorphoses,
Qu'Ovide a mis en vers charmans,
Ont précédé les belles choses
Qu'on admira de notre tems.
Nos neveux n'y voudront plus croire ;
Et pour des yeux si clairvoyans,
Quels miracles mettre en histoire ?
Pour les rendre parfaits croyans,
Dans les annales de Cithère
On fera lire à nos enfans
Tous les prodiges surprenans,
Qu'ici vos yeux auront sçu faire.

# LA LEÇON INUTILE,

## ROMANCE.

### AIR de M. *Jéliotte.*

Lisette avait déja quinze ans,
Quand sa mère lui dit : ma mie,
Il faut éviter les amans,
Pour mener une heureuse vie. —
    Hélas ! pourquoi,
    Dites le moi,
L'Amour m'a-t-il fait si jolie ?

Lorsque je sors dès le matin,
Colin me suit dans la prairie ;
En voyant l'éclat de mon teint,
Il dit que son ame est ravie.
    Hélas ! pourquoi, &c.

L'autre jour il fit un bouquet,
Je crus que c'était pour Silvie ;
Mais il en para mon corset,
Et la Belle en rougit d'envie.
    Hélas ! pourquoi, &c

Tout aussi-tôt que sur mon sein
Il vit sa fleur épanouie,
Tendrement il saisit ma main
Avec une grace infinie !
　　　Hélas ! pourquoi, &c.

Je crus entendre votre voix,
Et de frayeur je fus saisie ;
Je m'enfuis,... du moins je le crois,
Mais la force m'en fut ravie.
　　　Hélas ! pourquoi, &c.

Colin m'assit sur le gazon,
Pour me rapeller à la vie :
Hélas ! Maman, sans ce garçon,
Je serais morte évanouie.
　　　Hélas ! pourquoi,
　　　Dites le moi,
L'amour m'a-t-il fait si jolie ?

# LE SONGE D'UN HERMITE.

## VERS

### A MADAME DE ***,

*Qui était sur le point de marier sa fille.*

ÉTAIT-CE un songe, ou la réalité?
  Je me vis hier transporté
  Dans le temple de l'Himenée,
  J'y vis l'aimable volupté
  Former la chaîne fortunée,
  Qui bientôt d'un couple enchanté
  Devait unir la destinée.
Était-ce un songe, ou la réalité?

  JE vis l'Amour, du don de plaire
  Lui-même prendre soin d'orner
  L'esprit, le cœur d'une Bergère,
  Qui suivait, pour se faire aimer,
  En tout l'exemple de sa mère;
  Vertus, esprit, graces, bonté.
Était-ce un songe, ou la réalité?

MINERVE elle-même dictait
Ces leçons, qu'elle répétait
A l'amant, dont le cœur sincère
Eprouvait l'ardeur du désir :
» Il faut, mon fils, pour parvenir,
» Vous former sur votre beau-père;
» Comme lui toujours estimé,
» Vous serez certain d'être aimé.
Etait-ce un songe, ou la réalité ?

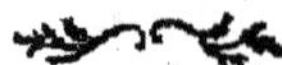

Le grand livre des destinées
Fut ensuite ouvert à mes yeux;
J'y vis pour ce couple amoureux
Une longue suite d'années.
J'entendis l'essaim des Amours,
Qui jurait à ce couple aimable
D'en embellir toujours le cours
Par le bonheur le plus durable.
De plaisir je fus éveillé;
Et sur ma table j'ai trouvé,
Dans votre billet agréable,
Du songe la réalité.

COUPLETS

# COUPLETS

## IN-PROMPTUS,

*A M. le Chevalier de MIRABEAU, Colonel en second du Régiment de Touraine infanterie, qui donnait un bal aux Dames de Montargis, où il séjournait avec son Régiment, le 4 Septembre, et en partait le lendemain, jour de la Fête aux Anglais.*

Sur l'AIR : *Philis demande son portrait.*

QUE vous partez mal - à - propos,
    Au moment de la Guerre !
Voit-on décamper les Héros
    Le matin d'une affaire ?
Demain, ainsi qu'aux champs de Mars,
    Tout notre Militaire
Va déployer ses étendarts,
    Pous frotter l'Angleterre.

POUR mieux nous tirer d'embarras,
    Paraissez dans la plaine ;
On dit que l'Anglais n'attend pas
    Les Drapeaux de Touraine.
Tous les hauts faits de nos Guerriers,
    Et notre fête antique,
Seraient plus beaux par vos lauriers
    Rapportés d'Amérique.

E

CONDUISANT aux Américains
L'Élite de la France,
Boston, e vos vaillantes mains,
Reçut l'indépendance.
Il fallait bien, en vérité,
Pour qu'on sçût qui nous somme ;
Aux Amis de la liberté
Montrer l'*Ami des hommes.* (*)

CE mot près du sexe suspect,
Ne l'est plus pour nos Dames:
Il s'embellit par votre aspect,
Et va droit à leurs ames.
La Gloire et l'Amour réunis,
Vous sont toujours fidèles ;
En vous ils sont à Montargis
Couronnés par les Belles.

___

(*) Titre de l'immortel Ouvrage de M. le Marqui
e Mirabeau, père de M. le Chevalier.

# VERS

### Adressés à Madame DE C***,

### *Pendant une maladie, où l'Auteur fut à l'article de la mort.*

J'ALLAIS descendre dans la barque,
   Qui conduit aux paisibles lieux,
   Où le Héros & le Monarque
   Sont à côté du malheureux.
   Du Stix j'ai vû les bords sans crainte:
Et de la mort quand j'ai senti l'atteinte,
   Mon cœur n'eut d'autre désespoir,
Que celui qu'on éprouve en cessant de vous voir.
  Je descendais, sur les rivages sombres,
   Fort tranquille pour l'avenir;
   J'emportais votre souvenir,
   Et lui seul au séjour des Ombres
   Sans cesse m'aurait occupé.
Aux champs élizéens si j'avais rencontré
   La belle *Agnès* ou *Gabrielle*,
   Je leur aurais parlé de vous :
   Chez les morts si l'on est jaloux,
   J'aurais bien troublé leur cervelle;
   Car posséder le cœur des Rois,
Est-ce un grand bien ? souvent l'orage y gronde;
Mais fixer comme vous les vœux de tout le monde,
   Est préférable mille fois.

E ij

# CHANSON

## *SUR LA PAIX,*

Sur l'air : *Annette à l'âge de quinze ans*

Célébrons tous, d ns nos chansons,
Le bonheur dont nous jouissons ;
Louis, en nous donnant la paix,
    Prouve à la Terre
    Qu'il est le Pere
    De ses sujets.

Dans les charmes d'un doux repos
De la guerre oublions les maux ;
Ainsi l'on voit les Matelots,
    Après l'orage,
    Sur le rivage,
    Gais & dispos.

Le bruit des cors & du tambour
Allarment sans cesse l'Amour ;
Il fuit leurs terribles accords :
    Mais la musette
    Est l'interprete
    De ses transports.

Lorsque Mars vient sous ses drapeaux
Ranger un peuple de héros ;
L'amante , loin de son amant ,
   Toujours s'agite ,
   Son cœur palpite
   En y songeant.

L'Hymen , par les mains de l'Amour,
Sera couronné chaque jour.
Le peuple , comblé de bienfaits ,
   Pour son bon maître
   Va faire naître
   D'heureux sujets.

Cette Paix va rendre à nos champs
Leur richesse & leurs ornemens ,
Chacun va , tranquille chez soi ,
   Dire sans cesse
   Avec tendresse :
   Vive le Roi !

# L'ORIGINE DU MAL.

## CONTE.

Sur l'origine et des biens et des peines,
L'homme indécis raisonne chaque jour ;
Un mot suffit : le mal est dans les haines,
Et le bien est un don du tendre Amour.
Pour ce dernier le sort nous a fait naître ;
L'homme né bon , du ciel eut , avec l'être,
Tous les moyens d'être heureux ici bas :
Je vais conter d'où vient qu'il ne l'est pas.

Dieu seul était au céleste Empirée,
Séjour de paix , que la voûte azurée
Sait dérober aux regards des humains.
Il dit , voyant l'ouvrage de ses mains,
Quoi ! rester seul , quand j'ai peuplé la terre !
Peuplons le ciel , commençons par nous faire
Des serviteurs , qui, dans le champ des airs
Puissent lancer la foudre et les éclairs ;
Par mille feux annoncer ma puissance,
Par mille dons montrer ma bienfaisance ;
Aux tourbillons des mondes habités
Rapidement porter mes volontés ;
A l'homme heureux dire , en montrant l'aurore,
» Le jour passé , par un plus doux encore
» Est remplacé ; Mortels jouissez tous
» Des riches dons , que Dieu créa pour vous;

Le ciel frémit, et ses voûtes s'émûrent ;
Au cri de Dieu la terre s'ébranla :
D'un mot créés, les Anges apparurent,
Mais dans leur choix leur maître se trompa.
Il crut former tous Esprits de lumière ;
Avec regret il connut qu'un d'entre eux
Attaquerait et le Ciel et la Terre.
Il prévit bien : cet Ange ténébreux,
A peine fait, osa se méconnaître ;
Crut, au Ciel même, être plus que son Maître ;
Portant par-tout ses desseins criminels,
Il mit la mort dans le cœur des Mortels.
Orgueil, envie, et péché de luxure,
Mauvaise foi, procès outre mesure,
Ses œuvres sont. Sans lui rien n'eut jamais
Troublé chez nous la concorde et la paix.
L'homme content, dans son champêtre asyle
Voyait la terre à ses souhaits fertile ;
Des fruits formaient ses rustiques festins,
Qu'ils étaient doux, cultivés par ses mains !
Tout était bien, si par maint maléfice,
Il n'en eût fait un séjour douloureux :
Dans l'Univers chacun était heureux,
Si Dieu n'eût eû le Diable à son service.

Combien, amis, par la même raison,
D'honnêtes-gens ont éprouvé de haines ;
A leurs voisins ont apporté de peines,
Pour avoir eû le Diable en leur maison.

# COUPLETS

## EN BOUTS-RIMÉS,

*En réponse à la Chanson adressée à*
*MIRTHÉ, par M. ***.*

» J'aimerais bien une Bergère
» Aussi naïve que Mirthé, &c.

Sur l'air : *Avec les jeux dans le village.*

Si quelque Amant me dit , . . . . Bergère,
Pour aimer le ciel fit . . . . . . . Mirthé :
Je veux , en cherchant à me . . . plaire,
Qu'il compte pour rien la . . . beauté.
Je veux que son ame . . . . . . . innocente
Ignore tout discours . . . . . . . trompeur ;
Ce n'est que sa vertu . . . . . . constante
Qui peut triompher de mon. . . cœur.          bis.

L'amant digne d'une . . . , . . Bergère,
Est délicat, sans être . . . . . . fin.
Quand pour Alain je suis . . . . sévère ,
J'admire son cœur. . . . . . . . enfantin.
Par quelque chanson . . . . . . . agréable
Il m'amuse dans ce . . . . . . . . . vallon ;
Alain sage est le plus . . . . . . aimable
De tous les enfans, . . . , . . : . d'Apollon, bis;

LORSQUE Alain me dit, ma . . Bergère,
Je t'aime, et je suis . . . . . . . . malheureux;
Je souris à sa plainte . . . . . . . . amère,
Son sort lui paraît moins . . . . affreux.
Si de votre main . . . . . . . . . . libérale,
Grands Dieux, les dons sont . . dispersés,
Par une faveur sans . . . . . . . égale,
En lui vous les . . . . . . . . . réunissez. *bis.*

# VERS

## A MADAME ***,

*En lui envoyant le livre intitulé :* l'Esprit de la Ligue, *par M. ANQUETIL, Prieur-Curé de Château-Renard.*

DES maux qui troublèrent la France,
Hortense, voici le tableau;
Aux horreurs de l'intolérance,
Il fallait ce sage pinceau.
En lisant ce Livre, on s'étonne
Du vaste savoir de l'Auteur;
Mais on préfère, en sa personne,
Les douces vertus de son cœur.

# V E R S

## A M. LE PRIEUR DE ***.

*En lui demandant des avis sur l'Agriculture.*

D'un gros troupeau, Pasteur fidèle,
Vous, des prudéns Cultivateurs
Le bienfaiteur et le modèle,
Et l'ami de tous les bons cœurs ;
Pour bien connaître la nature,
C'est à vous que ma Muse écrit.
Sur le grand art de la culture
Daignez éclairer mon esprit.
Quand Dieu créa l'humaine espèce ;
A chacun il fit quelque don ;
Aux uns il donna la richesse,
A d'autres la saine raison ;
Au pauvre il accorda la force ;
Dans les yeux du sexe enchanteur,
Il plaça cette douce amorce,
Qui du monde le rend vainqueur.
Il fit des sots pour faire rire,
Des sages, qu'on pût estimer ;
Il vous forma pour nous instruire,
Et fit mon cœur pour vous aimer.

# LA FORCE DE LA VÉRITÉ,

## ROMANCE.

Sur l'Air : *Grands Dieux, quel trouble extrême*
*D'avoir beaucoup d'Amans, &c.*

D A N S les champs de Cithère
Cypris vit un mouton,
Courant sur la fougère,
Errant à l'abandon.
Quelle est la Pastourelle,
Qui l'a, dit-on, perdu ?
Chacun dit : la plus belle....
Chloé seule se tut.

E N vain l'agneau s'échappe ;
On fuit mal en aimant.
L'Amour le suit, l'attrape,
Le porte à sa maman.
L'erreur est admirable,
Lui dit-il aussi-tôt ;
C'est à la plus aimable :
Et Chloé ne dit mot.

Pour finir la querelle,
Bergers, rassemblez-vous;
Plus aimable et plus belle,
Chloé vous dément tous;
A Cypris allarmée
Un Berger répondit:
C'est à la mieux aimée;
Et Chloé le reprit.

# IN-PROMPTU,

*En voyant s'élever les fondations du Château, bâti près Montargis, par M. T R I O S O N, Médecin du Roi en cette Ville, et Médecin de quartier de S. A. R. Monseigneur LE COMTE D'ARTOIS,*

Dans cette retraite paisible,
Murs, hâtez-vous de rendre à tous nos vœux
Le cœur généreux et sensible
Du Bienfaiteur des malheureux.
Ames pures, dont son absence
Affligeait le constant amour,
Contemplez avec complaisance
Ce sûr garant de son retour.

VERS

# VERS

F A I T S *en voyant*, *en* 1774 , *dans le Château de* S. F***, *un bas relief ancien représentant le Phénix renaissant aux rayons du soleil*, *qui l'avaient consumé*, *avec cette inscription :*

C U R I A   S I C   S U R G E T   Q U O   C R E D I T U R   I G N E   S E P U L T A.

Q U A N D la savante Antiquité
Inventa l'art de ses emblêmes,
Elle cacha la vérité,
Sous le voile obscur de problêmes
Que résout la Postérité.
Souvent on vit , en ses peintures,
La poétique Invention,
Sous l'ombre de la fiction
Pressentir les choses futures.
Lorsqu'aux yeux d'un peuple enchanté ;
L'ordre sacré du meilleur Maître,
Près du trône fait reparaître,
Brillans d'un éclat tout nouveau,
L***, M***, Saint F*** ;
C'est le Phénix , qui de sa cendre
Semble renaître , et nous apprendre,
Que ces noms chers aux cœurs Français ,
Triomphans toujours de l'envie,
Pour le bonheur de la Patrie,
Comme lui ne mourront jamais.

F

# PORTRAIT

## DE MADAME DE ***,

## COUPLETS

Sur l'AIR : *Je vais chanter ce petit solitaire.*

JE voudrais peindre une Beauté parfaite,
Vérité, viens disposer ma palette ;
Peu ressemblans sont d'Amour les portraits,
   Fais que chacun s'écrie :
     De Stéphanie,
     Voilà les traits.            *bis.*

QUE sa morale, est bien dans la nature !
Avec Platon elle allie Épicure ;
Sur la vertu, ferme comme un Caton :
   Pour moi, j'ai la manie,
     De Stéphanie
     D'aimer le ton.            *bis.*

POUR ses amis, douce et compâtissante,
L'audacieux la trouve repoussante.
Jeunes Galans, vous lui faites pitié,
   L'unique fantaisie
     De Stéphanie,
     C'est l'amitié.            *bis.*

# REMERCIMENT

*Pour un Parapluye prêté à l'Auteur par une Dame,*
*pensionnaire au Couvent de * * *.*

L'EAU qui tombait en abondance,
En vous quittant m'eut morfondu,
Sans la généreuse assistance,
Dont votre main m'a secouru.
Si ma vive reconnaissance
N'allarmait pas votre vertu,
Dès ce matin j'aurais couru
Remercier la bienfaisance
Qu'hier pour moi vous avez eû.
Mais j'eusse fait une imprudence;
Au tour on se fut apperçu
De mon extrême diligence.
La Gent voilée eût reconnu
Des feux encore à leur naissance;
Et maints propos aurait tenu.
Des Cerbères la vigilance
Eut redoublé, j'aurais perdu
De vous revoir toute espérance.
Apprenez-moi donc la science
Qui fait aimer sans être vû,
Qui fait plaire sans défiance
Et jouir sans être connu.
Que ne suis-je une intelligence!
De Gabalis par la vertu,

A chaque instant , sous l'apparence
D'un Sylphe d'amour éperdu ,
Je me vengerais de l'absence
Du plus aimable individu.

# INSCRIPTION

*Pour une Fontaine : trouvée à B*** , dans un champ , où il y avait autrefois une maison de paysan , & dont l'eau très-pure , est aujourd'hui transportée au château.*

NE devant rien à l'art , j'ai vû la Pauvreté
Jouir de mes bienfaits dans son humble masure,
 Que le tems n'a pas respecté.
 De ses mœurs j'eus la pureté :
J'ai pû changer d'asile , et non pas de nature ;
 Sous le chaume , ou dans les Palais ,
 De même que mon onde pure ,
La modeste vertu ne se corrompt jamais.

# LE BOUQUET DE ROSES
## *DE LISE,*
## CHANSON,

Sur l'air : *Quoi ! ma Voisine es - tu fâchée ?*

Mon cœur jaloux, charmante Rose,
    De ton destin,
Brûle d'envie, et pourtant n'ose
    Faire un larcin.
Sur le beau sein, où l'on t'a mise
    Tu vas périr,
Que ne puis-je aussi près de Lise
    Ainsi mourir !

Ah ! qu'une Rose, ma Bergère,
    Te convient peu ;
Je crois que de ta main légère
    Ce n'est qu'un jeu.
L'Amour, en te rendant aimable
    Par tous ses dons,
A paré ton sein adorable
    De deux boutons.

F iij

Les Roses , que Flore prépare ,
    N'ont qu'un printems ;
Leurs boutons , dont Amour te pare ,
    Sont de tout tems.
De tes charmes , ma vive flamme
    Suivra le cours ;
Le feu qui brûle dans mon ame
    Vivra toujours.

# IMITATION

*D'un Vers latin fait par un Étudiant en Rhétorique ,
en voyant , à Montargis , Madame H** au milieu
de ses trois Filles.*

℘ HÆC CHARITES PEPERIT , QUÆ FUIT IPSA VENUS.

Il ne manque dans ce séjour ,
Que le Dieu charmant de Cithère ,
Car des Graces , voici la mère
Avec les trois sœurs de l'Amour.

# ÉPITRE

# A ANNETTE,

*Petite Chienne de Madame de ***.*

Annette, chacun vous caresse,
Personne ne vous a chanté.
Votre esprit, votre gentillesse,
Votre charmante aménité,
Méritent bien qu'on les admire ;
Et si jadis pour un moineau,
Catulle fit parler sa lyre,
Pourquoi semblerait-il nouveau,
Que pour la plus aimable Chienne,
Aujourd'hui je monte la mienne ?
Peut-être, en arrivant, j'eus craint
En vous louant, de vous déplaire,
Mais à présent il est certain
Que sur vous je n'ai rien à taire,
Car, Annette, je pars demain.
N'en déplaise à l'humeur chagrine
De ces rêveurs, qui nous ont dit
Que vous étiez une machine,
Plus qu'eux vous montrez de l'esprit.
Votre subtile intelligence,
Nous dénote un discernement,
Qui vaut bien mieux que la science
De leur abstrait raisonnement.

Que votre raison semble fine !
Quand doucement vous caressez
De votre maître la cousine ,
Annette , alors vous paraissez
A l'esprit offrir votre hommage :
Certes vous vous y connaissez.
Quand vous flattez Chloris , je gage
Que votre œil vif a deviné
Que ses traits sont la vive image
De la décence et la beauté.
Mais en vous , ce qui m'intéresse ,
Annette , c'est l'attachement
Que vous montrez pour la Maitresse ,
Qui vous aime si tendrement.
Votre machine a l'avantage
Sur nos Philosophes bourus ;
Car vous chérissez ses vertus ,
Autant que l'homme le plus sage.

# ROMANCE

## SUR L'AIR :

*J'ai pris le nid d'une fauvette.*

SÉJOUR de mon bonheur suprême,
Que tu me causes de douleur !
Tu ne m'offres plus ce que j'aime,
Ta vue a déchiré mon cœur.
Ces lieux, hélas ! toute ma vie,
Peindront à mon cœur agité
L'asile heureux, où Stéphanie
Me fit goûter la volupté.

QUAND je voyais l'aube renaître,
C'était pour voler sur ses pas,
Le jour venant à disparaître,
J'encensais encor ses appas.
Le jour renaît et voit mes larmes,
Leur source est au fond de mon cœur ;
Mes jours passent dans les allarmes,
Mes nuits au sein de la douleur.

OISEAUX, qui peuplez ce boccage,
Discret témoin de nos sermens ;
Ne redites jamais l'hommage
Du plus fidèle des amans.
Si cette belle Stéphanie,
Que mon cœur aimera toujours,
De vous revoir avait envie,
Ne parlez plus de mes amours.

L'AMANT privé de sa présence,
Craint jusqu'aux soupirs indiscrets ;
Il doit gémir dans le silence,
Et cacher même ses regrets.
Aux yeux pénétrans de l'envie,
Un mot, un regard est suspect ;
Mon cœur, parlant de Stéphanie,
N'exprimera que son respect.

L'ARDEUR que je ressens pour elle,
En l'évitant, ne s'éteint pas ;
A mes sermens, mon cœur fidèle
Sera constant jusqu'au trépas,
Sur ma tombe, si Stéphanie,
Amour, jettait un jour les yeux,
Détourne-les, je t'en supplie,
Ils seraient encor dangereux.

Je crois que ma cendre paisible
Sentirait encor tes transports ;
Jamais le cœur n'est insensible,
Quoiqu'il habite chez les morts.
Stéphanie à mon âme éprise
Rendrait ses feux par un regard ,
Comme on vit jadis Héloïse
Ranimer l'ombre d'Abélard. ( * )

## Note de l'Éditeur.

( * ) On assure au Paraclet , que lorsqu'en 1163 on
ouvrit le tombeau d'Abélard , mort depuis vingt-un ans ,
pour y descendre le corps d'Héloïse , on vit cet amant
infortuné étendre les bras pour la recevoir.

# VERS

*Imprimés sur du Papier fait avec de l'herbe, inventé par M. LÉORIER DELISLE, Directeur de la Manufacture de Langlée, près Montargis.*

LE siècle de LOUIS, comme celui d'Auguste,
Dans le sein de la paix fera fleurir les arts,
Et sous l'empire heureux du Prince le plus juste,
Cent prodiges nouveaux naîtront de ses regards.
Montgolfier, à ses yeux, vers la voûte azurée,
Avec l'air et le feu, rend la route assurée.
L'Anglais seul, en voyant le Globe aërien,
Prononce avec humeur qu'il n'est utile à rien.
Si l'on vante Annonay, dont la Papéterie
Vit naître en Montgolfier un homme de génie ;
Son rival en son art, et son admirateur,
Delisle, dans Langlée, aux talens fait honneur.
Son cœur n'est pas jaloux, il n'a point la manie
D'exciter les sifflets des serpens de l'Envie :
Pour chanter son Emule, un papier tout nouveau
Naît de l'herbe qui croît sous le cristal de l'eau ;
En le formant sa main donne un sûr témoignage
Qu'à son heureux Confrère il rend un juste hommage.
Ainsi les vrais talens sont unis par l'amour ;
Et si de l'Univers les vœux placent un jour
Montgolfier et son Globe au Temple de Mémoire,
Sur ce papier, Delisle en écrira l'histoire.

LES

# LES VENDANGES
## DU GATINAIS.

*COUPLETS faits le jour de S. Francois,*
*fête de M. DE C**.*

Sur l'air : *Du Serin qui te fit envie.*

Qu'on jouit d'un sort délectable,
Quand on vendange au Gatinais !
Le ciel, pour orner notre table,
Sur nous répand tous ses bienfaits.
Pour notre bonheur il arrange
De biens, de plaisirs un beau choix ;
Il mit exprès dans la vendange
La fête du grand saint FRANÇOIS.      *bis.*

Verse des mains d'un hôte aimable,
Ce vin brillant et généreux,
Doit faire retentir la table
Du nom d'un mortel vertueux.
A celui que notre cœur aime,
Il faut boire tous à la fois ;
Buvons, chantons, chacun de même,
Vive à jamais, vive FRANÇOIS.      *bis.*

Ce nom fait naître l'allégresse,
Dans l'ame de tous les buveurs ;
Et de ce beau lieu la maîtresse
Sait l'exciter dans tous les cœurs,
Si je puis peindre , avec franchise,
Les sentimens qu'ici je vois ,
Respect , amour , c'est la devise
De ceux qui connaissent FRANÇOIS.　　*bis.*

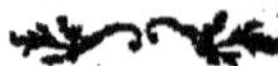

Vous , digne en tout d'être sa fille,
Vous , toujours présente à son cœur ;
Voyez comment dans sa famille ,
De le voir on sent le bonheur.
Secondez notre douce yvresse,
A nos chants joignez votre voix ;
Et répétez avec tendresse ,
Vive à jamais , vive FRANÇOIS,　　*bis.*

Enfans chéris d'un tendre Père,
Vous ses heureux Petits-Enfans ;
Neveux d'un Oncle qu'on révère ,
Vous goûtez les biens les plus grands.
Mais de vos cœurs la vive flamme ,
Sur vous seuls n'étend pas ses droits ;
Nous disons tous, du fond de l'ame ,
Vive à jamais , vive FRANÇOIS,　　*bis.*

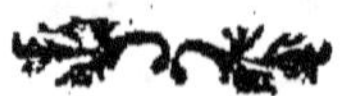

# ÉPITRE

## POUR LA NOUVELLE ANNÉE.

### A MADAME ***

EGLÉ, je vous dois une Épitre,
Et je regrette, à juste titre,
L'heureux tems, où, naïvement,
Mes bons grands-Pères et les vôtres,
Se disaient : *Bon jour, & bon An,*
*Accompagnés de plusieurs autres.*
Des vœux par l'amitié dictés,
Et présentés par la tendresse,
Des complimens point affectés,
Ecrits sans art et sans finesse;
Où régnait plus la vérité,
Qu'une lâche et coupable adresse
Que l'on appelle *urbanité*;
Dans les jours heureux du bel âge,
C'était, Églé, tout le langage
Des Epitres du nouvel an.
On ignorait le persifflage,
Et le joli ton élégant,
Qui distinguent nos agréables.
Nos bons ayeux, moins sémillans,
Etaient, à mon gré, plus aimables,
Plus sincères et moins brillans.

Simple comme eux , j'ose de même
Proscrire tous ces mots charmans ;
Et vous jurer que je vous aime ,
Comme on aimait au bon vieux tems.

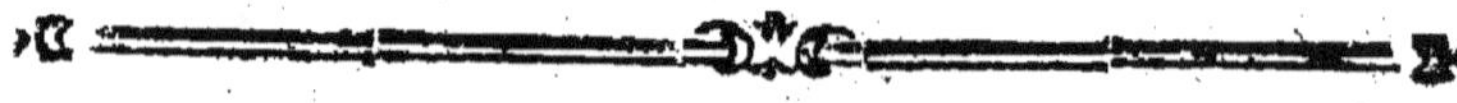

# V E R S

## A MONSIEUR DE S***

Un couple aveugle sert de guide
Au plus digne des Présidens ;
La veuve et l'orphelin timide
Ont en lui des secours puissans ,
Et la beauté la plus perfide
Pour lui ressent des feux constans ;
Thémis , l'Amour , je le décide ,
Sont deux aveugles clair-voyans.

# CHANSON

## SUR L'AIR :

*Lisette & Colin, l'autre jour.*

J'ENTENDIS un jour Isabeau,
Chanter : ne disons pas , fontaine ;
Je ne boirai point de ton eau ;
Malgré nous l'amour nous entraîne.
Un seul instant décide notre sort,
Lorsque deux cœurs sont bien d'accord,

LISE était encore une enfant,
Docile aux leçons de sa mère ;
Son cœur était indifférent ,
Et sa vertu semblait austère,
Un seul instant , &c.

MAIS Lise aux champs avec Colin,
Un jour s'égara par mégarde ;
L'Amour, ce petit Dieu malin,
Les blessa des fléches qu'il darde.
Un seul instant , &c.

J'aime Annette, et depuis long-tems;
Sans nul espoir, mon cœur l'adore;
Amour, fais naître les instans,
Que je n'ose espérer encore.
Un seul instant décide notre sort,
Lorsque deux cœurs sont bien d'accord.

# VERS

## A MADAME ***,

*En lui portant des livres à son Couvent.*

Pour vous servir plus promptement,
Mon cœur a refusé le zèle
De trois Dieux, qui, fort galamment,
M'offraient le secours de leur aile.
Je vous l'avoue ingénûment,
Le Tems est trop vieux pour vous plaire,
Le Zéphire est trop inconstant;
Et sans respect pour le couvent,
L'Amour, s'il vous eût vu, Glicère,
Aurait parlé trop tendrement.

# ÉTRENNES

## A MADAME DE C***,

### A PARIS.

KIRIELLE de complimens,
De grands mots brillant assemblage ;
Et sur-tout pompeux étalage
De très-honnêtes sentimens,
Qui n'existent que pour l'usage
Que l'on en fait au jour de l'an.
Tel est le portrait ressemblant
De notre style épistolaire ;
Telle est la monnoie ordinaire
Que chacun reçoit et qu'il rend.
De moi vous n'aurez telle offrande,
Je ne fais pour vous nuls souhaits :
Aux Dieux que faut-il qu'on demande,
Sachant les dons qu'ils vous ont faits ?
C'est pour moi que je les supplie
De me conserver vos bontés,
Et d'embellir encor ma vie,
Par quelqu'un des jours enchantés,
Où vous reçûtes mon hommage.
Aux bords du Danube, autrefois
Ovide tenait ce langage ;
Lui, qui d'Amour chanta les loix,
Déplorait son triste esclavage.

Solitaire au milieu des bois ,
Comme lui mon âme inquiète
Dans les Dieux met tout son espoir,
Privé du bonheur de vous voir ,
Je leur demande, en ma retraite ,
De faire une femme parfaite ,
Qui réunisse à la beauté
La grandeur , et l'humanité ;
A la vertu la plus austère
Les graces de l'aménité ;
A tous les talens qui font plaire
Votre enjoûment, votre gaité.
Puissent-ils , par leur bienfaisance
La créer pour me contenter ,
Et pour signaler leur puissance,
La former sans vous rien ôter.

# COUPLETS

Chantés la veille du mariage de M*** avec
Mademoiselle **.

Sur l'Air : *Avec l'aimable Dorine.*

Sur l'autel de l'Hymenée,
Pour qui s'allument ces feux ?
Célébrons les cœurs heureux,
Dont il joint la destinée.
Quel bien, d'unir aux amours
Une chaîne fortunée ?
Quel bien d'unir aux amours
Des nœuds qui durent toujours.

Qu'il est doux, à son amante,
D'immoler sa liberté !
C'est de la fidélité
L'épreuve la plus touchante.
Quel bien, d'unir aux amours
Le prix d'une ame constante !
Quel bien, d'unir, &c.

Du lierre la verdure
Croît et meurt dessus l'ormeau ;
De l'hymen c'est un tableau,
Embelli par la nature.
Quel bien, d'unir aux amours
La constance la plus pure !
Quel bien, d'unir, &c.

Le ruisseau sur son rivage,
Donne exemple aux tendres cœurs ;
Chaque jour, aux mêmes fleurs,
Il porte un constant hommage.
Quel bien d'unir aux amours
Des feux du plus doux présage !
Quel bien, d'unir, &c.

Vous qu'un tendre époux adore,
Vous qui connaissez l'Amour,
Célébrez tous l'heureux jour,
Dont naîtra demain l'aurore.
Quel bien, d'unir aux amours
Des feux dont l'ame s'honore !
Quel bien d'unir aux amours,
Des nœuds qui durent toujours !

# V E R S

## ADRESSÉS A LA CAMPAGNE,

## A M. LE BARON D***

*Qui avait fait préſent à l'Auteur d'une plume à écrire en acier.*

Je te dois le premier hommage
Du présent que ma main reçoit ;
Heureux ! qui peut chanter un sage ,
Heureux ! qui l'admire et le voit.
Que Rome éleve jusqu'aux nues
Ce héros , tant de fois vainqueur ,
Qui sçut préférer ses charrues
Aux triomphes du Dictateur ;
Je vois , d'une gloire aussi vive ,
Briller , à côté de l'olive ,
Ce laurier , que , devant ton Roi,
Tu moissonnas à Fontenoy ,
Et qu'à *Châtre* ta main cultive.
Pour se procurer les douceurs ,
Qu'on goûte aux champs de Triptolême,
Quitter Bellonne et ses fureurs ,
C'est faire du bien à soi-même.
Mais , Damon , avec les talens
Qui font réussir à Cithère ,
Quitter , dans l'âge heureux de plaire ,
Paris et tous ses agrémens ,

Ce mérite est moins ordinaire;
C'est montrer un cœur généreux
Qui préfere en ce lieu champêtre,
Le soin de faire des heureux,
Au plaisir séduisant de l'être.

# V E R S

## A MADAME DE ***,

*Ecrits sur une Lettre, dont l'envèloppe
était peinte à la Grecque.*

Du goût du jour, si pour suivre les traces,
Enveloppe à la Grecque, orne ce que j'écris,
Hébé, c'est pour offrir aux Graces
Un hommage de leur pays.

CHANSON

# CHANSON

## SUR L'AIR:

### *Une faveur, Lisette, &c.*

Ici, comme en son temple,
Réside l'Amitié ;
Tout ce qu'on y contemple,
Lui semble dédié.
Pour combler notre envie,
Qu'un tel sort a d'appas !
Se peut-il qu'on l'oublie ?
Non, je ne le crois pas.
   Non, non, non,
   Je ne le crois pas.

La beauté, bien unie,
S'y rassemble à sa voix :
Heureux sans jalousie,
Nous vivons sous ses loix!
Pour combler, &c.

Les Dieux ont l'ambroisie ;
Bacchus comble nos vœux ;
Nous goûtons, dans la vie,
Autant de bonheur qu'eux.
Pour combler, &c.

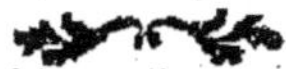

H

Tous les soirs, quelque Muse
Égayait leur festin ;
Ici chacun s'amuse
A chanter son destin.
Pour combler , &c,

Sans crainte., sans allarmes ;
Nous passons d'heureux jours.
Le plaisir , par ses charmes ,
Vient embellir leur cours ,
Pour combler , &c.

# ENVOI.

Vous demandez , Sylvie ,
Ce que l'on fait ici ?
Telle est la douce vie,
Que l'on mène à Changy.
Pour combler notre envie,
Qu'un tel sort a d'appas !
Se peut-il qu'on l'oublie ?
Non , je ne le crois pas,
Non , non , non ,
Je ne le crois pas.

# L'INCONSTANCE EXCUSÉE,

## STANCES
## A CHLOÉ.

Je n'ai jamais vu ma Chloé,
Plus faite pour plaire et plus belle,
Qu'à l'instant où j'ai sçu par elle
Que Licas en était aimé.

Tout plein d'une jalouse ardeur ?
Je courus le dire aux fontaines ;
Je fus raconter mon malheur
A nos prés, nos bois et nos plaines.

Confidentes de mes amours,
Les sources de cette onde pure,
A qui j'ai dit ce que j'endure,
Ont déja pris un autre cours.

Les prés ont perdu leur verdure ;
Aux champs on ôte leurs moissons ;
Les bois quitteront leur parure,
Tout change ainsi dans les saisons.

H ij

Lorsque j'adorai ses appas,
Pourquoi faut-il que je murmure,
Si pour moi Chloé ne fut pas
Un miracle dans la Nature ?

Le caprice d'une Bergère
Ajoute un prix à sa beauté ;
Et dès qu'on a connu Chloé,
On l'aime encor, quoique légère.

# COUPLETS

## A MADAME DE G***,

### D'ORLÉANS.

En réponse à un couplet inséré pour elle dans les Affiches d'Orléans, du 20 Septembre 1778, et où son nom était remplacé par des étoiles.

Sur l'AIR : *Faut attendre avec patience.*

QUAND on voit que, sous mainte étoile,
Un nom se dérobe au grand jour,
Le cœur, pour pénétrer ce voile,
Ne doit consulter que l'Amour.
Il dit, entendant par la ville,
Chacun louer ces vers galans,
Oui, c'est ainsi que G***
Me fixe par tous les talens.　　　　*bis.*

JE crus un jour pouvoir me plaindre
D'éprouver un triste abandon,
La Belle entreprit de me peindre,
Je triomphai sous son crayon.
*Rose Alba* semblait moins habile,
Maniant ses pastels brillans.
Oui, c'est ainsi, &c.　　　　*bis.*

H iij

Dans une fête, de Cithère
Je rassemblai les beaux Esprits,
Pour mieux faire honneur à ma mère
Elle nous montra ses Ecrits ;
Les vers de sa Muse facile
Eurent mille applaudissemens. *bis.*
Oui, c'est ainsi, &c.

Le Dieu du Pinde qui l'inspire,
A tous préféra ses accens ;
Dans ses mains il remit sa lyre :
Qu'elle en tira des sons touchans !
Minerve, quoique difficile,
Regrette encor ces doux momens,
Oui, c'est ainsi que G * * *
Me fixe par tous les talens. *bis.*

# LA ROSE ET LA VIOLETTE.

## VERS

### A MADEMOISELLE ***,

*A l'occasion de ceux qu'elle avait adressés à Madame * * *, où elle se plaignait de lui être inférieure.*

Dès l'aurore d'un beau printems,
La violette, dans les champs,
Des prés émaillait la verdure,
Et par sa modeste parure
Fixait les Zéphirs renaissans.
Lycoris, d'une main légère,
Souvent en parait son corset ;
Et sur le sein de la Bergère,
Amour portait envie au trop heureux bouquet.
  Quelle félicité touchante !
Toute autre fleur en eût été contente ;
Mais le bonheur est souvent un écueil,
Il n'est qu'un pas des succès à l'orgueil.
  La violette, ainsi fêtée,
  Dédaigna bientôt le hameau ;
  Et dans la ville transplantée,
  Se promit un sort bien plus beau.
  Restez aux champs, jeunes Bergères
  La ville appelle vos appas ;

A ses promesses mensongères
Fermez l'oreille , ou ne les croyez pas.
De violette , par la rose ,
L'éclat parut bientôt terni ,
On négligea son teint trop rembruni ,
Sa douce odeur sembla très-peu de chose.
Violette aisément comprit,
Qu'il lui fallait céder aux roses l'avantage ;
Modestement dans son village
Elle s'en fut , et bientôt y reprit
Tous les droits qu'elle avait autrefois en partage.

## ENVOI.

La vérité dans cet écrit
Paraît, Eglé , plus que l'esprit.
Mais cette fable est votre histoire ;
Vous goûtez les plus doux plaisirs ;
De tout charmer , d'enflammer les desirs,
Glycere possède la gloire.
De votre lot, que votre cœur content
N'accuse point les Dieux de l'avoir fait trop belle.
Glycere est accomplie, et l'on peut aisément
Avoir beaucoup de prix , mais valoir bien moins qu'elle.

# COUPLETS

## A MADAME ***,

Sur l'AIR: *Du Vaudeville de la Rosière.*

QUEL beau conseil, en vérité,
Vous allez donner à Susette,
En lui disant avec gaité:
Prens un Epoux et me le prête;
Tu ne peux me le refuser,
Car ce n'est que pour m'amuser.

CRAIGNEZ un tel amusement,
Tôt ou tard il nous intéresse.
La gaité mène au sentiment,
Et le plaisir à la tendresse.
Un peu d'amour peut se glisser
Dans un cœur qui croit s'amuser.

UN doux propos, une chanson,
Semblent d'abord sans conséquence;
Mais quand l'époux de ma Suzon,
Vous chanterait l'indifférence,
Lui-même il pourrait s'abuser
Ne songeant qu'à vous amuser.

VOYANT VOS yeux, ces yeux si doux,
Où l'Amour a mis tant de grace;
Il oublierait le nom d'époux,
L'amant pourrait être à la place.
Il dirait pour vous appaiser,
Ce n'est que pour vous amuser.

POUR voir si ce plaisant projet,
Ne serait point une folie;
Acceptez les vœux de l'objet,
Dont vous désirez la copie.
Il ne saurait vous offenser
Ce sera pour vous amuser.

# TIL-BERG,

## OU

## L'UTILITÉ DES TABLEAUX,

### CONTE ORIENTAL,

### A MONSIEUR ***, LE FILS.

QUE l'art de peindre est précieux !
Il parle au cœur, en captivant les yeux ;
  Sous la main d'un artiste habile,
  Un bon Tableau devient un livre utile.

  ISSU d'ayeux, dont l'Indostan
Chérissait les vertus, révérait la mémoire,
  TIL-BERG devait, sous un maître savant,
Se montrer l'héritier de leur nom, de leur rang,
  De leur mérite et de leur gloire ;
  Mais Til-berg n'était qu'un enfant,
Impatient, inappliqué, volage,
Fuyant l'étude ; et quand son gouverneur
L'y rappellait par une leçon sage,
  Souvent il montrait de l'humeur.
  Quel dommage ! que la nature
  En formant Til-Berg réunît
  Les agrémens de la figure
  A tous les charmes de l'esprit !

Il eût voulu congédier le maître ,
Qui ne lui semblait fait que pour le tourmenter ;
Et , lui parti , par passetems jetter
Tous ses livres par la fenêtre.
Le hazard fit un jour plus que l'on n'espérait :
Avec son gouverneur , Til-berg se promenait
Dans une vaste galerie ,
Où dans Ispahan l'on plaçait
Les portraits des Persans , qui servaient la patrie;
Il y vit des Savans , des Ministres des Rois ,
Utiles à l'État par l'étude des loix ;
Et le nom de Til-berg , en brillans caractères ,
Se lisant sur beaucoup d'entr'eux ,
Semblait dire à son cœur : Enfant , voilà tes Pères ;
Comme eux deviens savant , et sur-tout vertueux.

Ce que mille leçons jamais n'avaient pu faire ,
Ce spectacle seul l'opéra ;
Til-berg , en rougissant , aux livres retourna ,
Et l'étude lui fut si chère ,
Qu'en peu de tems il répara
Tous les momens perdus par sa paresse.
L'estime de tout Ispahan ,
Et de ses parens la tendresse ,
Firent voir à Til-berg que le bien le plus grand ,
C'est l'étude , après la sagesse.

## ENVOI.

Ce Conte me vient de très-loin ;
Dieu me garde , daignez m'en croire ,
De penser que j'eusse au besoin
Votre portrait dans cette histoire.

COUPLETS

# COUPLETS,

Chantés dans une société, qui se trouvait réunie à la ville, après avoir passé le commencement de l'hiver à la campagne.

### Sur l'AIR : *du Confiteor.*

CÉLÉBRONS tous à l'unisson
Le nœud charmant qui nous rassemble !
La joie est toujours de saison,
Quand les amis vivent ensemble ;
Les roses n'ont que le printems,
Mais le plaisir est de tout tems.

NOUS redoutons peu les frimats
Que l'hiver répand sur la terre ;
Leur rigueur ne gélera pas
Ce vin qui rit dans la fougère.
Les roses, &c.

LORSQUE nous quittâmes Changy,
Le regret fit couler nos larmes ;
Mais nous retrouvant tous ici,
Nos beaux jours ont repris leurs charmes.
Les roses, &c.

1

Pour cimenter notre union ;
Prenons pour autel cette table ;
Et que notre libation
A l'Amitié soit agréable.
Les roses, &c,

Nous joignîmes à nos adieux
Le don du baiser le plus tendre ;
Belles, nos cœurs seront joyeux
Si vous consentez à le rendre.
Les roses n'ont que le printems,
Mais le plaisir est de tout tems.

# IN - PROMPTU,

## A *Mademoiselle* ***,

*En sortant d'une représentation de l'Oracle, dans laquelle elle avait joué le Rolle de Lucinde.*

Est-ce l'Amour, ou bien Thalie,
Lucinde, qui dicte ces sons,
Par qui notre ame est attendrie ?
Non, lorsque nous t'applaudissons,
C'est ton cœur seul et ton génie,
Qui peuvent causer nos transports ;
Voilà les uniques ressorts,
Dont aujourd'hui tu t'es servie.
A tes sons touchans et flatteurs,
C'est le sentiment qui préside ;
Pour trouver la route des cœurs,
Tu n'as pas besoin d'autre guide.
L'art n'en peut jamais faire autant,
Oui, pour créer le bien suprême
Que l'on éprouve en t'écoutant,
Lucinde, il faut être toi-même.

# CHANSON.

## Air, de M. MATHIEU.

### OU SUR L'AIR :

*Si l'on peut compter sur un cœur.*

Jupin, brûlant pour Callisto,
Sur la terre daigna descendre ;
Pour Europe et la jeune Io,
L'amour lui fit tout entreprendre.
Il fut le plus galant des Dieux,
Lirette, s'il eut vû tes yeux,
Il eut encore été plus tendre ,    } *bis.*

Par les doux appas de Cypris,
Mars, lui-même, se laissa prendre ;
Il la vit, et d'en être épris
Ce fier Dieu ne pût se défendre.
Son cœur brûla des plus beaux feux ;
Lirette, &c.

PHÉBUS, en poursuivant Daphné,
Ne pût l'engager à se rendre;
Ovide nous a raconté
Les pleurs qu'Amour lui fit répandre;
Son cœur était bien amoureux;
Lirette, &c.

LIRETTE, on ne finirait point;
Si l'on voulait te faire entendre
Les merveilles que sur ce point
Dans la Fable l'on peut apprendre.
Saturne aima, quoique très-vieux;
Lirette, s'il eût vu tes yeux,
Il eut encore été plus tendre.

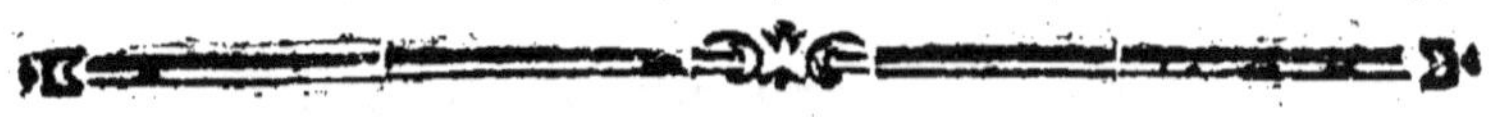

# VERS

## A MADAME ***,

*En lui envoyant des Chansons que l'Auteur avait faites pour elle.*

A L'AUTOMNE de ma carrière,
De mon printems vous rappellez les jours ;
Je chante encore les Amours,
Quoique leur troupe inconstante et légère,
M'ait dès long-tems dit adieu pour toujours.
  Si l'aimable Dieu qui sait plaire,
  Sous les doigts du vieux Saint-Aulaire,
  Brisa le luth d'Anacréon ;
  Que dira-t-il de ma chanson ?
  Mon œil en vous revoit la Rose
  Qu'autrefois mon cœur adorait,
  Il vous contemple, il brûle et n'ose
  Former un désir indiscret.
  Avec respect je vous admire,
  Je vous écoute avec transports,
  Mais mon trouble est loin du délire
  Qui mène après lui le remords.
  Daignez approuver ma tendresse,
Vous, qui joignez aux charmes de Venus
Ce rare esprit qui toujours intéresse.
  En vous j'honore les vertus
  Qui font adorer la Sagesse.

# ROMANCE.

AIR DE M. DE SAINT GEORGES;

OU SUR L'AIR:

*Vous veillez lorsque tout sommeille.*

QUAND j'avais le cœur de Silvie,
Son amour faisait tout mon bien.
Les Dieux n'ont pu voir sans envie
Un sort aussi doux que le mien ;
Je l'ai perdue ! et dans la vie,
Je ne saurais plus aimer rien.

JE ne puis voir, dans la prairie,
Mon troupeau séparé du sien ;
Ni l'arbre où la main de Silvie
Avec son nom grava le mien.
Je l'ai perdue ! &c.

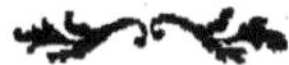

ADIEU, musette si chérie,
Don flatteur du Dieu Pithien ;
Ne pouvant plus chanter Silvie,
Pour plaire quel est ton moyen ?
Je l'ai perdue ! &c.

Ah ! si jamais une autre amie
M'offrait l'appas d'un doux lien,
Je lui parlerais de Silvie,
Et lui dirais soir et matin :
Je l'ai perdue ! &c.

Par sa douce image nourrie,
Ma douleur n'aura plus de fin ;
Sous le portrait de ma Silvie,
Ces mots sont gravés de ma main :
Je l'ai perdue ! et dans la vie
Je ne saurais plus aimer rien.

# PORTRAIT

## DE MADAME ***,

*Par M. DE C***, Chevau-Léger.*

ELLE est sensible, elle est légère,
Elle a d'une Muse l'esprit,
Elle a le cœur d'une Bergère ;
Voilà comme l'Amour la fit,
Un jour piqué contre sa mère.

## RÉPONSE.

IL est, dans la Maison du Roi,
Une troupe jeune et guerrière,
Qui d'Amour suit la douce loi,
*Elle est sensible, elle est légère.*

ON la connaît à cet écrit,
Où tout semble aussi léger qu'elle ;
Pour en conter à chaque Belle,
*Elle a d'une Muse l'esprit.*

Églě, sans doute, serait fière
De l'encens d'un Chevau-Léger ;
Mais gardez-vous de la tromper,
*Elle a le cœur d'une Bergère;*

Du feu des amans elle rit,
Et se moque de cette yvresse,
Que chez vous on nomme tendresse;
*Voilà comment l'Amour la fit.*

Près de Vénus chacun espère ;
Mais chez Églé, tout au contraire,
On se désespère, on n'a rien.
L'Amour l'a faite, ce vaurien,
*Un jour piqué contre sa mère.*

# CHANSON

## SUR L'AIR :

*Ce fut au tems de la moisson.*

CHANTONS les plaisirs de Changy,
De ces lieux célébrons la Dame ;
Par elle nous goûtons ici
Tous les biens qui flattent notre ame.
Toujours on trouve à son festin
De jolis yeux et du bon vin.

BUVONS au maître du logis ;
Hélas pourquoi fait-il la guerre !
Que nous fait que Boston soumis,
Prenne des loix de l'Angleterre,
Quand nous trouvons dans un festin
De jolis yeux et du bon vin.

PAR Bacchus et le Dieu d'Amour
Toujours le bonheur se prolonge :
Aux plaisirs on donne le jour,
La nuit à quelque charmant songe ,
Lorsque l'on trouve en un festin
De jolis yeux et du bon vin.

Que sont les mêts délicieux;
Qu'on offre au Maître du tonnerre!
N'allons pas chercher dans les cieux
Ce qu'on goûte mieux sur la terre,
Quand on trouve dans un festin
De jolis yeux et du bon vin.

Daignez voir, sans vous offenser,
Le transport qui régne en nos ames:
Tout notre espoir est un baiser;
On peut le demander, Mesdames,
Quand on trouve dans un festin
De jolis yeux et du bon vin.

# LE SOLITAIRE
## DES BORDS
## DU LOING,
### CONTE

*Adressé à Madame DE C***, le jour
de sa fête.*

SUR les bords agrestes du Loing,
Las du tumulte de la ville,
Un Hermite n'avait de soin,
Que de jouir dans son asyle,
Du bonheur des premiers humains.
Il offrait aux Dieux les prémices
Des fruits cultivés par ses mains,
Et pour former ses sacrifices,
Dans son verger, chaque matin,
Il allait devancer l'aurore ;
Et le soir l'y trouvait encore,
Bénissant son heureux destin.

QUOIQUE jeune, l'Anachorete
Avait banni de sa retraite
L'essaim des plaisirs trop bruyans :

K

Au spectacle de la Nature,
A l'étude, à l'agriculture,
Il consacrait tous ses instans.
Minerve seule, en sa chaumière,
Le visitait de tems en tems.
A l'Enfant malin de Cythère
Jamais autel n'y fut dressé.
De ses faux biens désabusé,
De bonne foi le Solitaire
A ce Dieu séducteur jurait
Qu'à tous ses dons il préférait
De vivre ignoré sur la terre.

Un soir du plus beau mois d'été,
Notre Reclus ayant quitté
Son travail paisible et champêtre,
Du jour qu'il voyait disparaître
Il goûtait les derniers momens.
Malgré le calme de ses sens,
Dans son ame il sentit renaître
Un souvenir cher à son cœur.
Des humains, astre bienfaiteur,
Soleil, dit-il, au sein de l'onde
Ton char précipite ses pas ;
Plus beau demain tu paraîtras
A la fête de Florimonde.
Ce jour fut précieux pour moi ;
Tendres fleurs, qui naissiez pour elle,
Puissiez-vous encor de ma foi
Lui porter la preuve nouvelle.
En même tems il prend des fleurs,
Joignant la rose à l'anémone,
Il entremêle leurs couleurs

Pour en former une couronne,
Et l'Amour se croyant vengé
S'applaudissait de cet ouvrage.
La vertu jointe à la beauté
Devait recevoir cet hommage,
Faible tribut, que, tous les ans,
Il osait lui donner pour gage
Des plus durables sentimens.

MINERVE vint; par sa présence
L'Hermite fut déconcerté,
Il se tut; et par son silence
Son projet fut interprété.
Pourquoi rougir? dit la Déesse,
A ton bonheur je m'intéresse;
Pourquoi tenir tes yeux baissés?
De Florimonde c'est la fête,
Et je sais bien que pour sa tête
Ces bouquets sont entrelacés.
A ton cœur, Minerve pardonne
Tout, excepté ton embarras.
Le jour où naquit Florimonde,
Depuis longtems, dans mes États,
Est la fête de tout le monde.

# COUPLETS

## A MADEMOISELLE DE ***,

*Qui n'avait point assisté à une représentation de la Rosière de Salency, jouée sur le Théâtre de Montargis.*

### SUR L'AIR :

*Du Vaudeville de la Rosière.*

Si notre Spectacle, aujourd'hui,
Eût brillé par votre présence,
De confondre un malin Bailli,
Cécile eût perdu l'espérance ;
Des cœurs l'hommage le plus doux,
La rose aurait été pour vous.  *bis.*

Si l'on offrait à la Beauté,
Jeune Zélis, une couronne ;
C'est votre nom qu'on eût porté,
Par les plus justes vœux, au trône.
Des attraits le prix le plus doux,
La rose aurait été pour vous.  *bis.*

Si l'on couronnait les talens ,
Et les dons heureux qui font plaire ;
Les vôtres , Zélis , sont garans
Qu'ici vous seriez la Rosière.
Des talens le prix le plus doux ,
La rose aurait été pour vous.

$\left.\begin{array}{c}\\\\\end{array}\right\}$ bis.

De vos charmes nos cœurs épris ,
En vous respectent la décence ;
Eût-on voulu dans ce pays ,
Des mœurs couronner l'innocence ;
Des vertus le prix le plus doux ,
La rose aurait été pour vous.

$\left.\begin{array}{c}\\\\\end{array}\right\}$ bis.

# VERS

## A MADAME ***,

*En lui envoyant le Monde de verre,*
*Livre de M. l'Abbé Royou.*

Tout est fragile dans ce monde,
De verre il est assurément;
Et sur lui follement on fonde
Le projet d'un bonheur constant.
Chacun se livre à l'espérance,
Pour quelques roses, qu'au printems,
La main de Flore nous dispense,
Et qui durent très-peu d'instans.
Des saisons jamais l'inclémence
Ne les souffre régner longtems.
Voyons-les périr, sans tristesse,
Au passé songeons rarement;
Que jamais indiscrétement
L'avenir ne nous inréresse,
Mais employons notre sagesse
A jouir en paix du présent.

# COUPLETS

## A MONSIEUR ET MADAME DE S***,

### Sur la naissance de leur Fils,

Sur l'air : *La nuit dans les bras du repos.*

Heureux Epoux, avec transport,
Je vous adresse cet hommage;
Que ce beau jour, en lettres d'or,
De vos fastes orne la page.
Et que la main des Amours,
Du Poupon trace l'image;
Et que la main des Amours,
Répande des fleurs sur ses jours.

D'un si joli petit Poupon,
Qu'il est doux, Eglé, d'être mère;
S'il n'en coûtait que la façon,
Demain je voudrais être père.
C'est là le souverain bien,
Tout autre est une chimère;
C'est là le souverain bien,
Je compte le reste pour rien.

Ne parlez plus de vos douleurs ;
Cette plainte est trop enfantine.
En cueillant la reine des fleurs ,
L'Amour fut blessé par l'épine.
Il n'en fut que plus ardent ,
Malgré la piqûre assassine.
Il n'en fut que plus ardent ;
La peine rend entreprenant.

Toujours pour la première fois ,
Le bonheur nous coûte des larmes.
L'amante et l'amant aux abois ,
Dans leurs maux trouvent mille charmes.
C'est pour nous faire sentir
Le prix des douces allarmes ;
C'est pour nous faire sentir ,
Que la douleur mène au plaisir.

Toujours contens , toujours joyeux ,
Que le sort vous soit favorable !
Que vos cœurs , sans cesse amoureux ,
Éprouvent un plaisir durable.
Faites le bonheur de vos jours
Du bien le plus désirable ;
Faites le bonheur de vos jours
D'augmenter l'essaim des Amours.

# CONSEIL

## A UNE JEUNE DAME,

### *Qui voulait faire des Vers.*

Le Dieu savant de l'harmonie
N'apprend pas lui seul à rimer ;
C'est le Dieu, qui nous fait aimer,
Qui doit présider au génie.
Il faut se laisser enflammer
Quand on veut monter au Permesse,
C'est l'Amour, par sa douce yvresse,
Qui doit alors nous animer.
Il fut le guide de Catulle,
Ovide suivait ses leçons,
Son flambeau fournit à Tibulle
Le feu qui régne en ses chansons.
A ses loix votre cœur fidèle,
Thémire, vous conduira bien,
Si vous prenez une étincelle
Des feux qu'Amour mit dans le mien.

# LES PLAISIRS

## DU COCHE DE MONTARGIS.

# COUPLETS

*Sur un voyage que des Dames ont fait à Châtre par le Coche d'eau.*

Sur l'AIR du *Vaudeville de la Rosière.*

Il ne faut pas aller à Brest,
Pour admirer notre marine,
Car notre Coche, sur son lest,
D'un Amiral a bien la mine.
Ma foi pour voyager gaîment
Le Coche est un vaisseau charmant 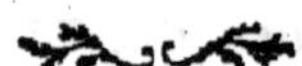 bis.

On ne peut comparer aux fleurs
Le doux parfum qu'on y respire ;
On n'y trouve point de fadeurs,
Dans les choses qu'on entend dire.
Ma foi, &c.

Pour dépêcher un prompt courier,
Cette voiture est des meilleures ;
Notre coche est si bon voilier,
Qu'il fait une lieue en quatre heures.
Ma foi, &c.

Ce fut par un bon vent du Nord,
Qu'un Jeudi, pour aller à Châtre,
Notre Amiral avait à bord
Plusieurs Belles au teint d'albâtre.
Ma foi, &c.

Si l'on demande leur avis
Sur la plus plaisante des routes;
Leurs cœurs en sont si bien épris
Que soudain elles diront toutes.
Ma foi, &c.

A Châtre on oublie aisément
L'ennui qu'a causé l'équipage;
Auprès d'un hôte séduisant,
On dit, enchanté du voyage :
Ma foi pour voyager gaîment
Le Coche est un vaisseau charmant.

} bis,

# VERS

## A MADAME LA COMTESSE DE ***

*Dont l'Auteur désirait obtenir le portrait, au moment où il se disposait à faire un voyage sur la côte orientale d'Afrique.*

ENÉE, obligé de quitter
Sa patrie aux flammes livrée,
Loin d'elle eut grand soin d'emporter
Avec lui l'image sacrée
De l'immortelle Cithérée.
On dit que Vénus, sur les flots,
Bien mieux que Pilote & boussole,
Le sauva des fureurs d'Éole.
Depuis ce tems, fort à propos,
Tout passager prudent et sage
Choisit quelque Dieu protecteur,
Pour présider à son voyage.
Pour moi, faible navigateur,
Il n'est au monde qu'une image
En qui j'aurais dévotion.
Daignez m'accorder l'avantage,
Qu'un jour, sur l'Africain rivage,
Elle soit mon Palladion.

# LE RETOUR DU PRINTEMS,

## TRADUCTION LIBRE

*D'un fragment de l'Hymne au Soleil, de M. l'Abbé DE REYRAC.*

Sur l'AIR : *Triste Raison, j'abjure ton empire.*

Ah ! qu'il est doux d'aller dans ces prairies,
Cueillir des fleurs, au matin d'un beau jour !
Astre divin, nos campagnes fleuries,
De tes bienfaits annoncent le retour.

HEUREUX celui, qui dès l'aube respire
De cet air pur les parfums précieux !
Quels doux pensers à son esprit inspire
Ce vert gazon, qui réjouit ses yeux.

RUISSEAU paisible, ah que ton doux murmure,
Plaît à mon cœur par l'amour agité !
Ton cours heureux répand sur la nature
Et la fraîcheur et la fécondité.

Doux passetems, heures délicieuses,
C'est le vrai bien que vous nous présentez:
Ce n'est qu'aux champs que nos ames heureuses
Goûtent l'attrait du calme où vous jettez.

L

# VERS

## A M. JELIOTTE,

*Que l'Auteur avait prié de faire les airs des deux Romances insérées en ce Recueil, pages 30 et 45.*

Le Dieu qui reçoit mon encens
Est le même Dieu qui t'inspire ;
C'est lui qui prête à tes accens
Ce charme, qu'en vain je désire ;
Mais ton ame de ses faveurs,
Ami, n'est point énorgueillie:
D'Apollon et de ses rigueurs
Viens me venger, je t'en supplie.
Pour que mes vers jusques à lui
Puissent parvenir aujourd'hui,
A toi sans crainte je m'adresse.
Daigne unir tes accords aux miens,
Et que mes chants sur le Permesse
Passent à la faveur des tiens.

# ROSINE,

## ROMANCE.

### A MADEMOISELLE ***.

Sur l'AIR : *Qui par fortune trouvera*
*Nimphes dans la prairie.*

QUI voit pour la première fois
  Votre mine charmante ,
N'a plus la liberté du choix ,
  Votre grace l'enchante.
Sans vous , des objets les plus beaux
  L'aspect seul le chagrine ;
Aux cieux , sur la terre et les eaux
  Il ne voit que Rosine ,                  *bis.*

QUAND l'aurore , à l'aube du jour ,
  Montre son teint de rose ,
Il rapporte à son tendre amour
  Tout l'effet qu'il lui cause.
Il compare au beau jour naissant
  Votre beauté divine ;
Si le ciel est éblouissant ,
  L'est-il plus que Rosine !                *bis.*

Lorsqu'au printems, dans nos jardins,
  Il voit les dons de Flore,
En vain de lys et de jasmins
  L'air plus pur les décore;
Son cœur épris de la candeur
  Qui dans vos traits domine,
Dit : ces fleurs ont moins de douceur
  Que les yeux de Rosine.          bis.

Si le soir, au bord d'un ruisseau,
  Pour rêver il s'arrête,
Au doux murmure de son eau,
  A chanter il s'apprête;
Nayade le gazouillement
  De ton onde argentine,
Rappelle à son cœur tendrement
  Les accens de Rosine.          bis.

# VERS

## A UNE JOLIE FEMME,

*Qui avait chez elle des Dindons qui empêchaient ses voisins de dormir.*

CERTAINS oiseaux, vêtus d'un noir plumage,
Et commensaux de votre basse-cour,
Mais n'ayant pour cela moins ennuyeux ramage,
Ont si bien fait, que, dès l'aube du jour,
On ne dort plus dans votre voisinage.
Perdre pour vous les faveurs du sommeil,
Serait un sort digne d'envie !
Je ne voudrais sommeiller de ma vie,
Si je veillais pour un bonheur pareil.
Mais quand on vit, Chloris, sans vous connaître,
On a souvent des momens de loisir,
Et le sommeil est un bien de notre être,
Un doux repos nous tient lieu de plaisir.
Par cet écrit, ne vous déplaise,
Que j'ose, Chloris, demander
La liberté de dormir à mon aise ;
Si je l'obtiens, veuillez donc commander,
Que des chanteurs le gosier trop coupable
Vienne, au plutôt, sur votre table
De son méfait rendre raison,
Le bon exemple est toujours de saison.

'Aux criminels n'accordez point de graces,
Il vaut bien mieux, en les faisant punir,
Laisser aux Amours seuls qui volent sur vos traces
Le plaisir d'empêcher vos voisins de dormir.

# TRADUCTION

De l'Inscription mise au bas du Portrait de
M. Le P*** de Saint-F***.

*Foret optandum pares, aut saltem proximos
illi viro fieri.* Quintilien.

DES hommes tels que lui, le ciel est bien avare ;
Pour trouver son égal il faudrait trop chercher,
N'en pouvant rencontrer d'un mérite aussi rare,
Disons : heureux cent fois, qui peut en approcher !

# COUPLETS

## A MADEMOISELLE ***,

Le jour de Ste. Suzanne sa Patrone, au nom de deux
Vieillards qui étaient assidûment auprès d'elle.

### Sur l'AIR : *Pour la Baronne.*

VOTRE Patrone.
Dédaigna les feux des vieillards,
Elle fut fière, la mignonne,
N'imitez pas dans ses écarts
        votre Patronne.

ÊTRE cruelle,
Entre deux vieux n'étonne pas ;
Pouriez-vous, si l'un avec zèle,
Encensait vos tendres appas,
        Être cruelle.

BELLE Suzanne,
Que l'un de nos cœurs soit heureux ;
Dépêchez-vous, ou Dieu nous damne ;
Car pour attendre, ils sont trop vieux,
        Belle Susanne.

L A survivance
Effraye les jeunes amans,
Mais l'un de nous, dans cette chance,
De l'autre attendra peu longtems
La survivance.

Pour la vieillesse
Montrez-nous votre humanité;
La nôtre décline sans cesse,
Mais il est quelque volupté
Pour la vieillesse.

L A jouissance
D'un jour ou deux vous a déplu,
Ayez, par votre complaisance,
D'un siécle presque révolu
La jouissance.

# COUPLETS

## CHANTÉS A MONTARGIS,

### *Dans la Société des Amis de la Vérité.*

#### Sur un AIR *Des Francs-Maçons.*

Frères du Gâtinois,
C'est pour vous que je chante
La douceur de nos loix
Et leur gloire éclatante.
Truelle, qui m'enchante,
Tu vaux, pour un Maçon,
Cette Lyre touchante,
La gloire d'Amphion.

Horace nous l'apprend,
Profâne est le vulgaire ;
D'un pas ferme et constant
Marchons vers la lumière.
D'une erreur populaire
Rions en liberté ;
Qui rougit d'être Frère.
Pour tel n'est plus compté.

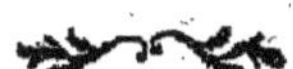

Si parmi nous quelqu'un
Mérita la censure ;
C'est un défaut commun
A l'humaine nature.
La vertu la plus pure
Est notre unique objet ,
Mais serait-on parjure ,
Pour n'être pas parfait.

RESPECTONS le censeur,
Méprisons sa critique ;
Opposons la douceur
A l'humeur satyrique.
Souvent tel qui s'explique
En propos offensans ,
De notre République
Devient un des enfans.

Le rang , les dignités ,
Les talens , les sciences ,
Ont dans nos comités
De justes préférences.
Mais cette déférence
Ne fait point de jaloux ,
L'honneur qu'on y dispense
En devient un pour tous.

Découvrons nos secrets,
Dévoilons nos mystères ;
Nuit et jour être prêts
A secourir ses Frères :
Du préjugé vulgaire
Dépouiller sa raison ;
Chercher le bien, le faire,
C'est être Franc-Maçon.

Être fidèle au Roi,
Fidèle à sa Patrie,
C'est la première loi
De la Maçonnerie ;
Du fanatisme impie
Détester la leçon,
Bannir la calomnie,
C'est être Franc-Maçon,

Aimer la liberté,
Fuir le libertinage,
Avoir de la gaîté,
Sans cesser d'être sage :
De la vertu sauvage
Ne point prendre le ton,
C'est l'aimable appanage
De tout vrai Franc-Maçon.

DE nos charmans banquets
Bannissons la tristesse ;
Accordons, à jamais,
Les plaisirs, la sagesse.
Sans tomber dans l'yvresse,
Buvons cette liqueur,
Qui ranime sans cesse
Et l'esprit et le cœur.

*Par M. O. du M.*

# FIN.

# TABLE

## DES PIECES contenues en ce Recueil.



M

Fin de la Table.